吳靜思——著

一輩子很長，
要活出自己的姿態

Do anything,
but let it produce joy.

時報出版

目錄 Contents

Part 1 關於人生

聰明女人活得更有「高級感」

Part 2 關於工作

當妳的優點足夠發亮，別人才會寬容妳的短處

Part 3 關於愛情

Part 4 關於友情

Part 5 關於自我

女人不美，死不了，也活不好

Part 6 關於令人感佩女人

這些女人，讓世界為之一顫

Part 1

關於人生

聰明女人活得更有「高級感」

♀「高級感」，關臉什麼事？

一九二九年五月四日，比利時的首都布魯塞爾，一個女嬰誕生了。

她的父親是一位銀行家，母親是貴族後裔，出生在小康之家的女孩自小過得不錯，生活富足。她按部就班地讀小學、學芭蕾，遠離饑餓和勞苦。但這樣的運氣並不是一直都有的。

在她六歲時，父親就因為信仰拋棄了她和母親，遠走他鄉，她跟隨母親回到在荷蘭的娘家，本想獲得一絲安穩，但第二次世界大戰爆發後，被納粹占領的荷蘭讓她們難以如願。由於母親的家族被認為帶有猶太血統，原本十分富裕的母親一家被視為納粹帝國的敵人，不但財產被占領軍沒收，她的舅舅還被處決，母女倆的貴族生活就此結束，從此被迫過著貧困的生活。

究竟有多貧苦？她的兒子在回憶錄中寫道：「她告訴我們，她的哥哥是如何吃下狗糧的，因為除此之外沒有別的可吃。其他人吃鬱金香的鱗莖，因為沒有蔬菜。當時的麵包都是綠色的，因為沒有可以磨成麵粉的小麥，只能用豌豆粉來製作麵包。有時候我的母親需要一整天都躺在床上，透過看書來忘記陣陣襲來的饑餓。」

更悲慘的是，她不僅要承受身體上的痛苦，還要承受精神上的痛苦。她成為首席芭蕾舞女伶的夢想從此破滅。雖然她在很小的時候就開始練習芭蕾舞，即便是在戰爭時期也一直沒有中斷，但在那樣的浮沉社會，想要安心接受專業訓練並不容易。所以，當戰爭結束後，她拜訪名師刻苦學習，但老師告訴她，她已經錯過了練習的芭蕾最佳年齡，不管她在訓練中多麼努力，已經定型的動作基本上不會發生改變。此外，與當時所有的男芭蕾舞演員相比，她也太高了。那個時代的男芭蕾舞演員都比較矮小，在與她搭檔時沒有力量完成最基本的托舉動作。而且，長時間的饑餓影響到她的肌肉發育，與那些在戰爭期間可以維持正常生活與訓練的女孩相比，她確實不具備競爭性。

這世上，比沒有夢想更痛苦的是「曾經有過夢想，卻難以實現」。

然而俗話說，上帝為妳關上了一扇門，必然會為妳打開一扇窗。她的芭蕾舞夢想破滅了，但演藝之路卻朝她招手，誰也沒想到這個家庭破碎，瘦弱的、飽受戰亂饑苦的女孩將來會成為一代巨星。姣好的面容和長期練舞所帶給她的氣質，讓她順利成為一名演員。她當過兼職模特兒，跑過龍套，演過一些小角色和舞台劇，三、四年後就被伯樂慧眼識珠，從歐洲來到美國開闢了自己的新天地。《羅馬假日》、《第凡內早餐》、《窈窕淑女》等經典銀幕形象，讓她成為當之無愧的當紅女星。

她就是奧黛麗・赫本（Audrwy Kathleen Hepbum-Ruston）。集奧斯卡最佳女主角、東尼獎最佳女主角、美國電影金球獎最佳女主角和美國演員工會終身成就獎等多項榮譽於一身的女演員。

如果奧黛麗・赫本止步於此，她最多算是一位著名的女演員，容貌出眾、塑造過經典形象、拿過大獎的女星在演藝圈中大有人在，但她在病逝二十五年後還為人津津樂道，讓人願意把一切有關美好的形容詞都放在她身上，自然不只是因為她演藝事業上的成功。

一九九八年，美國電影學會（American Film Institute，簡稱ＡＦＩ）要從五百名二十世紀美國電影界的明星中，評選出五十名最偉大的明星，要求必須在一九五〇年之前已出道，男女各二十五名，奧黛麗・赫本名列第三位。這個獎項是對她為演藝事業做出貢獻的褒獎。一九九二年十二月，當時的美國總統柯林頓（William Jefferson Clinton）為她頒發了「總統自由勳章」，這是美國最高的平民榮譽。頒發給在科學、文化、體育和社會活動等領域有傑出貢獻的民眾。

不僅如此，在她病逝後的第十年，二〇〇二年五月，聯合國兒童基金會（The United

Nations Chilsder's Fund）在紐約總部為一尊七英尺高的青銅雕像揭幕，雕像名為「奧黛麗精神」（The Spiritof Audrey），以表彰赫本為聯合國做出的貢獻。

為什麼從美國總統到聯合國都去表彰和紀念這位女演員呢？

五十多歲時，奧黛麗．赫本逐漸淡出影壇並，出任聯合國兒童基金會的愛心大使，開始不遺餘力地喚起社會對落後國家兒童生存狀況的關注。因為她曾在戰亂時受其恩惠，所以努力地奉獻自己。

在這個職位上任職的她並不只是徒具形式、只想撈虛名，而是身體力行去貢獻自己的力量。她利用自己的影響力不時舉辦音樂會等募款活動，在公開場合發表演說，不顧戰亂和傳染病的危險，探望貧困地區的兒童。她的足跡遍及衣索比亞、蘇丹、薩爾瓦多、瓜地馬拉、洪都拉斯、委內瑞拉、厄瓜多爾、孟加拉等國家。

她曾在一九八九年發表著名的演講《和妳在一起》，去控訴不平等的國際經濟秩序對貧窮國家的掠奪，聲討貪婪自私的已發展國家，罔顧千百萬貧困兒童生命健康的行為；她挺身為全世界弱小無助的兒童說話，為那些因戰爭而傷殘，因饑荒而奄奄一息，因缺乏飲用水而衰弱，因缺乏維生素而失明，因社會不公正而流浪的億萬兒童說話；甚至在一九九二年底，奧黛麗．赫本還拖著重病之軀赴索馬里亞看望因饑餓而面臨死亡的兒童，在當地展開考察並實施救援。其實，當時她已經患上癌症，身體非常瘦弱，卻仍半蹲在地上，餵孩子們吃飯。回到美國，檢查後發現癌細胞已經擴散到她的腹部。

而奧黛麗．赫本這份全身心地投入的工作薪資僅有一美元。

在她去世後，長子成立了以母親名字命名的兒童基金會，在全球範圍內繼續奧黛麗．赫本的公益事業。如今，在兒子的經營下，奧黛麗．赫本兒童基金會擁有了更為廣泛的公益專案：索馬里亞、蘇丹、衣索比亞、盧安達的兒童教育事業，美國紐澤西州建立的第一家奧黛麗．赫本兒童家園，為那些在身體上和情感上受到創傷的孩子提供一個完善的、友好的治療環境；聯合國兒童基金會美國分會也與之共同創立了一個十年的「兒童入學計畫」，目的是讓世界各地的一百二十萬失學兒童重返校園。

這一切的發生都源於一個叫奧黛麗．赫本的美麗女人。

與其說奧黛麗．赫本是個美麗的女人，毋寧說她是個充滿「高級感」的女人。因為她令人久久懷念的不只是音容笑貌，更多的是她大愛的心和付諸的行動。「美麗」很多時候被用來稱讚外表出眾，但「高級感」超越、昇華了美麗，特別是高尚的心靈和行動。

只可惜「高級感」常常被狹隘化。

♀只有「高級臉」才配稱為「高級感」？

前陣子，時尚圈忽然出現了「高級感」這個詞！當下，對女性美麗的最高評價應該就是「高級感」了。過去我們誇一位女性會說漂亮、清純、有氣質，但在「高級感」這個詞面前，這些詞都略顯單薄。漂亮的女人也許不夠聰慧；清純的女人也許不夠有氣場；而有氣質的女人通常都代表相貌平平。但只要把「高級感」這個標籤貼上去，這個女人就是三百六十度無死角的美好了。

她的相貌一定辨識度很高且長相還不容易過時；

她一定相當有品味，懂得最適合自己的搭配；

她的氣質略顯冷淡、疏離，這也恰好證明了她有著洞若觀火的機警；

她一定有著不俗的事業，在過去的經歷中練就了一身智慧與本領。

總之，「高級感」是目前誇獎一位女性最時尚的詞了。

但可惜的是，很多人往往最先從一個女性的外貌來定義她是否值得甚至是有資格被貼上「高級感」的標籤。

當我們說起「高級感」時，第一時間想到的是她有沒有一張「高級臉」。

很多談「高級感」的文章指出首先得有一張「高級臉」才有資格被稱為「高級

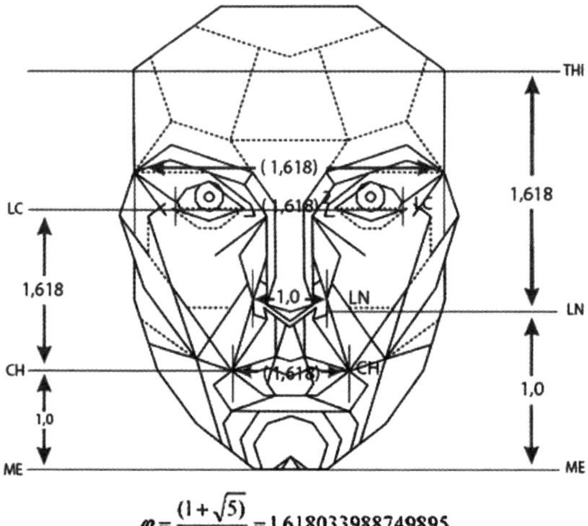

$$\varphi=\frac{(1+\sqrt{5})}{2}=1{,}618033988749895$$

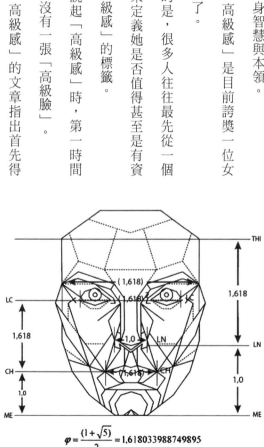

感」，而何謂「高級臉」也有一些明確的、約定俗成的標準。例如：

妳的臉型是不是符合馬誇德模型？

馬誇德模型是美國整形外科專史蒂芬．R．馬誇德（Stephen R. Marquardt）利用黃金比例建立的一個理想美貌模型，適用於所有種族，稱之為馬誇德面具（Marquardt Phi Mask），越接近這個模型的臉型就被認為長相越好看、越和諧，此模型也被作為醫學整形界的參照標準之一。

除了臉型之外，「高級臉」對其他方面也有嚴格規定，鼻子不一定要高但要小巧，鼻翼也要窄。因為鼻子是五官中骨骼感最明確的一處。「高級臉」美女的身材一定要高䠷、纖細。「高級感」透露出一種稀有少見，而稀有少見的東西總是自帶高冷氣質。

皮膚、牙齒、頭髮一定是精細保養和打理過的，脖頸和腳踝一定要美，總之在那些「看不見」的地方更要下工夫才符合「高級感」的理念。在服裝、妝容的色調方面「高級感」

也有標準，可以概括為「莫蘭迪色系」，其中以衍生出的「高級灰」最為著名。

莫蘭迪色系始於義大利著名的版畫家、油畫家喬治．莫蘭迪（Gitrgio Morandi），身為一位基因裡都帶著炙熱愛情與浪漫的義大利人，莫蘭迪卻終身未婚，也沒有任何可考的愛情故事，一生過著孤寂、平凡的生活，而這種生活又反過來影響了他的藝術風格。他摒棄了玄學化的球體、多面體，經常以生活中的日用品為參照，把生活中的杯子、盤子和瓶子置入極其單純的素描之中，以造成奇特、簡潔、和諧美的氛圍。而他幾乎從來不用鮮亮的顏色，在他的畫面上，每一個色塊都是灰暗的中間色。這種風格衍生出了現在的莫蘭迪色系。簡單來講莫蘭迪色系就是在色彩中加入一定比例的灰度，增加顏色的質感。

所以，鮮豔的、有視覺衝擊感的顏色往往不會和「高級」二字掛鉤。當我們談起一個女性的穿著很高級時，在她穿衣搭配的色系方面一定是以灰、黑、駝色為主。

以上是人們對於高級外表的描述，那麼高級的生活，又是什麼樣的呢？

活出「高級感」才能美得更高級。

無論男女，都能活出「高級感」

看過《我在故宮修文物》這部紀錄片的人一定會對裡面的鐘錶修復專家王津印象深刻，在我看來，他就是男性「高級感」的代表之一。

年近六旬的王津是中國國家級非物質文化遺產古代鐘錶修復技藝的第三代傳承人，進入故宮工作已經四十年，每天早八晚五，幾十年如一日，已經陸續修復和檢修了二、三百件鐘錶。在紀錄片裡，他戴著放大鏡、皺著眉頭、專心修復一座銅鍍金鄉村音樂水法鐘的神情被公認為「賞心悅目」。從十五、六歲「繼承」爺爺的職位進故宮開始學習修鐘錶到現在，王師傅擇一事行，然後鍾情一生，伴隨著滴答滴答的鐘聲度過一輩子。

修鐘其實不是個「美差」，需要經常與灰塵打交道，在辦公室一坐就是一天。而且傳統的鐘錶修復講究用煤油清洗機械構件，修錶人的雙手必須長年累月地浸泡在煤油裡，有時候一洗就是一個小時，非常傷手、燻鼻子。更「要命」的是，花費數月時間以為修復了一座鐘，所有工序都完成了，但裝上就是不走，就得拆了重新檢查，有時候一個小毛病能搞好幾天。

沒有莫大的熱情和專注的品性，是不可能成為一位鐘錶修復大師的。無論身處順境、逆境還是苦境，都能夠在當下安於內心，專注自己眼前的事，認真去解決當下的每一個細瑣而又重要的問題，那種呈現在臉上的忘我專注的神情就是一種高級感。這種神情，是不分性別的美好。

比「高級臉」更動人的是一顆高級的心

無論多出色的先天容顏，多先進的醫學，我們的容貌總會有枯朽的一天。當曾經「當窗理雲鬢，對鏡貼花黃」的美女不再年輕，那麼該拿什麼讓自己活得高級呢？

有這樣一位女性，只有小學學歷，至今八十多歲的她從未走出過台灣，卻被香港中文大學授予社會科學博士學位，在二〇一一年被美國《時代》（*TIME*）雜誌評選為二〇一一年度全球百大最具影響力人物之一，她就是慈濟慈善事業基金會創辦人證嚴法師。

慈濟慈善事業基金會發展至今已半個世紀，涉及慈善、醫療、教育、人文、國際賑災、骨髓捐贈、環保等多方面，在亞洲、美洲、歐洲、非洲的五十四個國家與地區設有分會，是非政府組織的慈善機構。

證嚴法師俗名王錦雲，一九三七年出生在台中縣清水鎮。幼年時便被過繼給叔父。一九四三年底開始，盟軍多次轟炸日本占據的台灣。為了逃命，王錦雲與養父母經常去防空洞避難，一路上親眼看見房屋在戰火中焚燬，鄉親們伏屍街頭。在動盪的時代面前，人的生命卑微如草芥，戰爭帶來的痛苦讓年僅八歲的王錦雲頓悟人間的苦難，自此，她開始接觸佛法。

王錦雲二十三歲時，正值壯年的養父因腦溢血去世。至親死別之痛，使王錦雲心中浮現了對生老病死的疑惑，一本《梁皇寶懺》，讓她參悟生死之道，「萬般帶不走，唯有業隨身」，從此開啟了尋佛之心，二十五歲的她自行落髮。

年輕的證嚴法師對修行的理解，僅限於參天禪地。她獨自一人在小木屋中席地而居，身邊僅一套《法華經》，一幅西方三聖像。每天子夜起身早課，白日頂笠披蓑種些瓜果，遇到青黃不接時就挖些野菜度日。與傳統佛法叢林中那些接受善信居士供養的僧尼比較，她堅持不受供養，不作法會，也不化緣，日夜與青燈古佛相伴，苦行自惕。

直到一九六六年三月，證嚴法師因探病，前往一家醫院，聽聞那裡有一名難產婦人走了八個小時的山路，卻因付不起新台幣八千元的保證金，留下一攤血後又被抬回家，失去了救治機會。台灣當時的醫療繳費制度是必須先付保證金，才能入住醫院。

證嚴法師心痛不已：貧由病起，病因貧生。同月，三位天主教修女來訪，面對證嚴法師的侃侃論道，修女質疑：佛教既然這麼好，為什麼沒有落實到社會人群呢？而是靠西方來這裡蓋醫院、建學校、辦養老院和孤兒院？

這話宛若當頭棒喝，將證嚴法師猛然喚醒，她的內心受到極大衝擊。自此她放棄小乘的獨善其身，轉而積極入世、行善濟貧。

萬事開頭難。證嚴法師召集五名弟子、三十位信徒，成立「佛教克難慈濟功德會」。師徒幾人種花生、打毛線衣、縫製飼料袋來維持日常開銷，證嚴法師還定下「一日不作，一日不食」的戒律，要求常住弟子每天做六雙嬰兒鞋，一天二十四元，一個月七百二十元，作為救難基金。

第一個月，她們救助的是一位福建老太太，她因戰爭與丈夫兩岸相隔，二戰結束後，她冒險跨海尋夫，等待她的卻是一具冰冷的遺體。老太太因此滯留在台灣，無親無故，晚年終日臥床，饑寒貧病纏身。慈濟功德會每月贊助她三百元生活費，又花三百元為她請了一個看護，直至四年後替老太太圓滿送終。

慈濟功德會的善名漸漸傳開，慕名行善的人越來越多，濟助的個案也越來越多。證嚴法師的俗家養母拿出存款，又向銀行貸款，買下十幾畝土地，建造「靜思精舍」，讓這些出家僧眾有地可耕，有屋可住。漸漸地，人們知道了一門叫「慈濟」的慈善事業。

一九七八年證嚴法師從一床、一被、一台儀器開始募捐，到一九八六年歷經八年耗資八億，終於有了第一座佛教醫院——慈濟醫院。從一開始慈濟醫院就定下了「免繳住院保證金」的創舉，這個舉措最終促使當時的台灣衛生署決定，全台灣醫院廢除繳納保證金這項制度。而後幾年，她又創立了慈濟護理專科學校、慈濟醫學院，以及慈濟中學、小學、幼稚園。

五十多年來，從抗洪救災，到地震救助，從捐助希望小學到捐贈骨髓，慈濟慈善基金會都一馬當先。在國際上的濟助更是不勝枚舉：一九九一年，孟加拉遭洪水侵襲，十四萬人死亡，慈濟發起募款，協助孟加拉重建；「九一一」事件後，紐約警方迅速封鎖了周邊區域，只有三個團體被批准進入現場救災，慈濟就是被批准進入現場救災的團隊之一。慈濟這個援助過六十九個國家的團隊，從三十多人起步，到如今全球四十七個分會，一千多萬會員，二百多萬志工，他們當中有市井小民、當紅明星、富商巨賈、權威人士……

證嚴法師也許沒有一張當今社會青睞的「高級臉」，但她創辦並發揚光大的慈濟基金會救下萬千苦難、撫慰無數人心，她的「高級感」不在臉、而在心。再高級的臉總會被時間打敗，被流行的新趨勢淘汰。唯獨擁有一顆高級的心靈，才能在流逝的時光和無數變遷中，留下迴響和痕跡。

「高級感」是在自己的心中，為別人留個位置

穿衣懂得搭配，懂得上妝調色，懂得運動以保持身材，懂得抑制臉部表情，這些只是「高級感」的皮毛，真正的「高級感」除了表現在外表上，還應該呈現於妳的工作、妳的愛情、對家庭的責任與付出、對父母的態度、對孩子的教育、對朋友的擔待、接人待物的各方面。

安妮・瑪麗・斯勞特（Anne-Marie Slaughter）這個名字對很多人來說有些陌生，但她被譽為「美國第一職業女性」，被評為全球最迷人的女性之一。她是普林斯頓大學伍德羅・威爾遜公共與國際事務學院的第一位女院長，二〇〇九年初出任美國國務院政策規劃司司長，是時任國務卿希拉蕊的左右手，也是擔任該職務的第一位女性。她在事業上可謂非常成功。斯勞特有兩個上中學的兒子，丈夫也是普林斯頓的終身教授，兩人感

情很好，事業上也互相支持，怎麼看都是事業家庭取得平衡的傑出女性。

但有誰能想像這樣一位傑出女性，她上中學的大兒子因為長期因疾病、翹課、冒犯他人最後被勒令休學。一切都要從斯勞特離開家庭前往華盛頓任職開始說起。

為了讓兒子們能繼續享受良好的教育資源，不離開熟悉的社區環境，同時也不用讓丈夫疲於奔波，斯勞特選擇把家庭留在紐澤西，自己開始了每週末往返於華盛頓和紐澤西的通勤生活。這意味著她一週有五天都是和孩子、丈夫分開的，只能週末體驗一下家庭的歡愉，而且這種歡愉也經常因為突發的國際事務被打斷。

因為缺少母親的陪伴，兩個孩子的教育狀況急轉直下，大兒子叛逆，小兒子也因為剛入中學不適應新環境過得很辛苦。斯勞特在任期滿兩年後本來要被提拔到更重要的職位，但她考慮再三後，還是拒絕了邀請，放棄了自己的野心，回到了普林斯頓大學，回到了家庭去照顧、陪伴她的孩子們。

安妮・瑪麗・斯勞特在《我們為什麼不能擁有一切？》（*Unfinished Business：Women Men Work Family*）這本書裡說：「只要我的兩個孩子在讀大學前還需要我，我就會留在他們身邊陪伴他們。」

如何兼顧事業與家庭一直是女性面對的艱難課題之一，本以為像安妮這種在事業上取得輝煌成就的女性一定是把工作放在第一位的，畢竟很多在事業上取得巨大成就的女性（其實也包括男性）都曾犧牲了個人生活和家庭。但安妮之所以受到歡迎，甚至打動了不少女性，原因就在於她沒有像很多成功女性那樣呼籲大家「身為女性，妳要更有野心，向前更進一步」，然後留下怨聲載道的伴侶和問題百出的孩子在身後，不知所措，備受煎熬。

安妮告訴女性，沒關係，妳選擇把家庭放在第一位，為此暫時犧牲、放慢個人事業是可以被接受的，不應該受到指責。妳把更多的溫暖和空間留給家庭和他人，而不是僅僅留給自己的事業心、野心，這種心中有他人的人性關懷同樣也是「高級感」。

♀不同的美麗，相同的「高級感」

二〇一八年三月二十三日凌晨，「世界傑出女科學家」頒獎典禮在法國巴黎舉行。中國古生物學家張彌曼院士榮獲二〇一八年度「世界傑出女科學家獎」。該獎項從一九九八年創辦至今已有二十一年，張彌曼是第六位獲此殊榮的中國女科學家。這也是該獎首次授予古生物學家，聯合國教科文組織在官網中報導稱：「她在化石記錄方面的開創性，開啟了對水生脊椎動物如何適應陸地生活的新見解。」

時年八十二歲的中科院院士張彌曼曾被全世界最權威、最有名望的學術期刊之一《自然》（*Nature*）撰文介紹她的科研成就，她是首位獲此榮譽的中國科學家。二〇一一年和二〇一五年她曾分別榮獲芝加哥大學、美國自然博物館吉爾德研究生院榮譽博士學位，並在二〇一六年獲國際古脊椎動物學界最高獎「羅美爾—辛普森終身成就獎」。

張院士還是瑞典皇家科學院外籍院士。瑞典皇家科學院成立於一七三九年，是世界上最古老的科學院之一，每年諾貝爾物理、化學、經濟三個獎項的評選就由這個機構負責。目前它在全世界只有一百七十五名外籍院士，張彌曼就是其中之一。榮譽等身的張院士可謂是一位不折不扣的「古人」，她的研究領域涉及古魚類學、古地理學、古生態學，解釋了人類長久以來關心的問題：我們是誰？我們從哪裡來？

曾有一位頗有影響力的瑞典古生物科學家提出，包括人類在內的陸地脊椎動物都是由總鰭魚類進化而來的觀點，這一學說得到了業內人士的認可。而張院士花了數十年時間採用各種實驗手段證明這類魚沒有內鼻孔，無法離開水呼吸，根本不存在上岸生活的基礎。這一發現顛覆了世界古生物界的認知理論，從而掀起了對四足動物起源的新一輪探索。

張院士與古化石相愛了一生，從這些化石的身上去探索地球、人類以及各種生物的起源、變遷和消亡。她還根據地層中的化石樣本準確提出石油的成油地質時代，為當年國家成功開發大慶油田提供了科學依據。

但鑽研古生物學這門學科不僅是個「冷板凳」，還格外辛苦，對自己不「狠」的人是做不出成就來的。

為了尋找化石，張院士每年有好幾個月需要駐紮在荒山野嶺。一個人挑著三十五公斤的行李和工具，每天徒步走二十公里山路。更有過為了工作，四十天無法洗澡，身上長蝨子，老鼠直接從她臉上爬過的經歷。為繪出一張模型圖，不吃不喝連畫十五小時也是常有的事。領獎時八十二歲高齡的她也依舊沒有停止工作。七年前她接受採訪時曾說：「我剩下的工作時間也不多了，會握著這些古化石工作，直到一生結束。」

頒獎時讓在場所有嘉賓都格外動容的是張院士的這句話：「感謝家人，尤其是女兒。在她只有一個月大的時候，我把她交給了她的外婆，當我把她接回來時，她已經十歲了。」像張院士這樣優秀的女性在取得巨大成就、做出巨大貢獻的背後有多少艱辛，只有她自己清楚。

無論是外表的高級，還是內在的高級，都有一種共通性——捨得對自己下「狠手」。

維持一張「高級臉」難道很容易嗎？當然不是。它需要妳數十年如一日地呵護肌膚、控制身型、拿捏表情、考量衣著和舉止。如果是明星，為了追求「高級感」，甚至還要刻意去挑選一些角色來營造。而把外在「高級感」昇華成精神、品行和力量的人付出的更多。可能要像奧黛麗・赫本一樣遠赴貧困地區，像證嚴法師一樣不忘初心數十年如一日地去募捐，像安妮・瑪麗・斯勞特一樣「放棄」自己很看重的一些東西來保護家人，或者像張院士那樣犧牲「小我」去實現「大我」。

妳得先成為一個「狠」女人，才能活出真正的「高級感」。

♀ 好女人與狠女人

如果有來生，妳有沒有想過不再做女人？

說實話，我曾有過。

我從自己的身邊和書中看到了很多榜樣和偶像，她們自強、獨立、聰慧、得體、有作為，各有千秋，但有一個共通性，那就是生而不易。

這種不易首先源於先天的生理設定。從每個月註定有那麼幾天的疼痛，到生產的危險、哺乳的疲憊，這些「苦果」幾乎伴隨女性一生。除此之外，這種「不易」還有在時代的進步下，對女性提出的更高要求。現如今「上得廳堂，入得廚房」已經不是完美女人的代名詞了——妳不但得做得了一手好菜，還要肌膚吹彈可破；不但要身材曼妙纖細，還要能教育出天使寶貝；不但要能抓住伴侶的心，同時還能在職場上有所作為——最好是可以去那斯達克敲鐘，同時還要美到連林青霞、張曼玉都「羨慕嫉妒恨」。

還有，似乎老天對女性都不太「友好」，時間對女人總是格外殘忍。十幾、二十歲時我們被稱為女生，三十幾歲以後，我們就被叫作「阿姨」，邁入五十歲就變為了世人眼中的「大媽」。這樣想來，雖然事事人們都說「女士優先」，然而我們被公認、被寵愛、被認為魅力四射的時間也就只有短短十幾年。

偏偏有些媒體還喜歡雪上加霜，尤其是某些熱衷於煽動情緒的酸民，似乎都很樂意把女性塑造成「受害者」的形象。

例如，談及愛情、婚姻，總是會出現這樣的文章〈女人，不要做愛情的奴隸〉、〈十種女人婚姻註定不幸福，終究會離婚！〉，似乎女人天生就容易被愛情俘虜，在婚姻中得步步為營，否則一不小心就「被離婚」了；而但凡男人出軌，身為另一半的女人，不是為家操持累成黃臉婆，就是醉心於事業不夠賢慧，好像始作俑者通通都是女方。

再例如，談及職場，就會冒出無數文章教女性如何平衡工作和家庭，如何突破職場天花板、防止性騷擾，讓人覺得女性身處職場，身邊處處都是雷區。

再例如，談到我們女人偏愛的保養美容，讓人耳熟能詳的文章大致分為兩類：一類是想盡辦法引誘妳買化妝品、保養品；另一類是嫌棄妳不夠精緻、優雅，例如〈二十五歲的妳還在穿兩百元的衣服嗎？〉、〈不給自己集齊七色口紅還算女人嗎？〉……

總之，無論是受傳統社會文化的影響，還是媒體偏頗的描寫，女性過去給我的感覺是辛苦的、脆弱的、軟弱的、需要被保護的，我們一不留神就會被這個世界傷害。

的確，世界很殘酷，從身體構造來說女性的確是「易碎品」。所以，在過去很長一段時間，社會都以「保護」之名，希望女人們能以家庭為重，以丈夫孩子為先；婚前以父母為大，婚後視公婆為重。這時，社會要求女性要勤勞、節儉、樸素、賢慧、溫柔——

至於身為女性的意識、理想、追求、事業、愛好、身分都不重要。

妳也許會說，這些都是過去的情況了，不會發生在我們這些「三十幾歲」、「二十幾歲」的女性身上了。但事實真的如此嗎？

如果妳以為生在新時代，就可以在身為女性的「標籤」下鬆一口氣，那可就大錯特錯了。幾千年來對於女性的物化與偏見，那些變相的「三從四德」和框架，就在我們身邊，它們是如此細微，如此讓人習以為常，有時甚至連身為女人的我們都無法察覺到。

我曾以為這些變相的「三從四德」、「夫唱婦隨」等框架已經不會出現在我們這代人身上了，但事實告訴我，也許我們對那些「大門不出，二門不邁」、「嫁雞隨雞，嫁狗隨狗」的說法嗤之以鼻，但是許多針對女性的束縛，以人情世故等各種各樣的面目，讓我們不得不從。而最可怕的是，那些條條框框，雖然不是以《女德》、《列女傳》等形式宣之於卷，但還是以「好女人守則」的偽裝，流傳至今。

想要做個世人眼中的好女人？那麼妳就要接受這個詞語中暗含的標籤：「母親」、「妻子」、「伴侶」、「保姆」等等。每一個標籤都會讓妳忙得不可開交，直到忘卻妳還是妳自己，妳有自己的人生要過。

所以我說，做個好女人，不如做個「狠」女人。

♀ 什麼是「狠」女人？

首先，「狠」女人最愛的人是自己。因為她們懂得要先照顧、料理、疼愛好自己，才能有更好的狀態去愛親人、伴侶、孩子、朋友以及其他事物。

其次，「狠」女人的思想比身體更獨立。也許她們還是會假裝擰不開瓶蓋向心愛的人示弱，但在重大問題的抉擇上，她們不盲從、不任性、有自己的見解和選擇，並能承擔得起後果。

還有，「狠」女人大都多了幾分叛逆。我想結婚時就會結婚，我想單身時也無所畏懼；我生孩子是出於愛，我不想生時不會為了傳宗接代而被公婆或父母勉強。

以及，很重要的是，對「狠」女人而言，工作的意義是非凡的，它不再只意味著格子間裡朝九晚五的難熬時光、防不勝防的明槍暗箭，以及按月存入戶頭中的薪水。在「狠」女人的世界裡，工作是表現自我價值的一個重要管道，她們會拚盡全力去對待，只為實現、表現自己在這個世界上存在的意義。

總之，「狠」女人一定是充滿愛的。她們愛自己，愛思考，愛工作，也愛家庭，最重要的是，她們熱愛自己的人生。她們身為女人，一定是全力以赴，以至於她們對一切都是「狠」的，不留任何遺憾的。能活成這樣的女性，不會去羨慕男人的自由自在和諸多優待，更不會把自己的遭遇歸咎於自己的女兒身，因為她們能夠收穫更精采的人生、更豐富的閱歷和更飽滿的情感。

我之所以希望自己能活成一個「狠」女人，很大程度上首先源於我家中的女性長輩的影響，她們不同於那個時代的大多數女人，並沒有走「尋常路」。

我的奶奶，五十五歲退休後還經營著一家撞球場，想著如何運用自己尚好的健康去提升生活品質；我的姑姑，在五十歲時學會了開車，退休後兼著一個公司採購的工作，開車繞著全國轉，至今十幾年過去了，還堅持工作。我媽在中年時期就賺夠了一輩子的養老錢，雖不至於大富大貴，但完全可以過得隨心所欲一些。但她沒有選擇吃喝玩樂「善待自己」，而是用多出來的精力去研究理財產品、做投資。

我們家的每一位女性看上去都有點辛苦，甚至「自虐」，明明可以安享許多年輕人都渴望的退休生活——旅遊、含飴弄孫、跳交際舞等等，但她們身體力行地教我做一個「狠」女人該有的樣子，那就是她必須是強大、獨立的。

也許，正是有了這些有點另類又接地氣的榜樣，我才會說，我們完全可以讓自己成為一個「狠」女人。這種期待並不像天邊的雲彩一樣不著邊際，我們只需要對自己的事業更熱忱一點，對自己的感情更熱烈一點，對自己的生活更期待一點，就完全可以成為自己理想中的高級女人。

♀ 如何評價「三十歲的女人」？

其實，和許多人一樣，變「狠」這件事曾經只出現在我的想像和嚮往中。

在三十歲以前，我和丈夫是上海無數普通年輕人裡的一分子。我們也覺得上下班兩小時的通勤很辛苦，沒完沒了的加班很煩人，每個月要還房貸很有壓力。但我倆工作還算穩定，感情非常甜蜜，並且也算是在這座城市有了根。那時，週末和節假日我們會泡在電影院看最新上映的電影，排一兩個小時的隊，吃一頓口碑「爆棚」的日本料理，或者在充滿文青氣息的小路上隨便找一家咖啡館閒聊、發呆，待膩了上海，就跑去其他城市吃吃喝喝玩玩，日子很是安逸。

但偶爾，我也會問自己：「這就是我想要的生活嗎？」

我沒有答案，因為同無數迷茫的人一樣，我不知道自己想要什麼。有些長輩告訴我，人生就是要追求穩定，過日子嘛，太平就好；同齡人也會說，妳很棒啊，從三線城市奮鬥到了大上海，在這裡紮根、立足，做著自己喜歡的工作，有著甜蜜的感情，還有什麼不滿足的呢？

我曾經也屬於「沒什麼追求」的人，平時最大的愛好和消費就是看書和買書。而一次偶然的機會，我看到阿富汗唯一一位女性國會議長法齊婭·庫菲（Fawzia Koofi）《我不要妳死於一事無成——寫給女兒的十七封告別信》（*Letters to My Daughters*）時，我被她偉大的抱負、堅定的信念和勇敢的精神深深感動。

從那開始，我明白了，對一個女人來說，最大的野心也許不是能夠成為某家公司的主管或擁有多少財富，而是敢於突破自己，就像庫菲在書中寫的那樣：「把目標放高，妳永遠無法估計一個人的爆發力能達到什麼程度。如果一開始就已經設限，那麼，這輩子，妳很可能就沒有了爆發的欲望，何來高度、深度、寬度可言？」

合上書後，我想，也許我的人生還可以有點什麼。我發現，就在自己邊安逸邊迷茫的生活裡，我已經迎來了三十歲。

許多人特別喜歡拿三十歲來「做文章」，尤其是針對女性——「三十歲，妳應該累積了一定的個人財富。」「三十歲，妳應該建立一個完整幸福的家。」「三十歲，妳的頭腦應該更成熟。」「三十歲，妳應該有了相當的閱歷。」……好像三十歲是個重要的關卡，關卡的兩邊有著成功與失敗兩種截然不同的人生。

其實，我並不想拿「三十歲」多說什麼，在我看來，這個數字應該和十八歲、五十六歲沒什麼區別，但也許是巧合吧，三十歲時我的生活裡真的發生了一件大事，讓我過去安逸小日子變得面目全非，甚至按照一些「標準」來說，我的三十歲大大退步了。這件事就是：我和丈夫決定出國讀書。

我很想為做出這個決定找一些精采的理由，或者觸動人心的故事，但事實就是，這個看上去有些不可思議的決定背後的初衷頗為平淡：上海很好，但我們想去更大的世界看看。

申請出國的整個過程比想像中順利。丈夫被全美排名前四十的大學神經工程學博士班錄取，並獲得了全額獎學金；在同一所學校我也找到了與之前的工作頗為相襯的職業諮詢（Career Consulting）科系。當錄取通知書、簽證都已經辦理好並拿在手裡時，我倆發現除了向前邁進外，已經不可能再去多想什麼了。就這樣，我們把父母當作寶的工作辭了，告別了自己曾經熱愛的生活，變成高齡學童，來到了美國。

我知道自己距離「狠」女人還差很遠，但能夠勇於挑戰自己，「偏離」原本的軌道和預想，我想是一個不錯的開始。

三十歲出國讀書，這件事有點「不正常」，主要是年齡因素在其中。所謂「在其位，謀其政」，同理可得：在其歲，做其事。很明顯地，許多人認為返校全職讀書這件事不是三十歲的人該做的。而且，我和丈夫都是普通人家的孩子，三十歲辭職出國讀書，沒了薪水，沒了工作保險，沒了醫療保險，並且之前累積的人脈、交友的圈子、取得的工作成績等一切都得歸零。難怪長輩們會覺得我倆「不務正業」。

在美國生活至今，回過頭去看看幾年前的選擇，我不是沒有懷疑和動搖過，但若說真正後悔做出這個選擇，卻從未有過。這個世界存在三十歲的標準人生嗎？也許有吧，但說句任性的話，我不遵守又怎樣呢？「標準」都是別人定義的，內心的滿足才真正屬於自己。

來美國後，我開始靠寫字為生，丈夫的獎學金足夠支持我倆每月的開銷，但吃穿用度到美國後價錢與中國相比都要乘以七，我不想生活過於拮据，而且也始終惦記著兒時的寫作夢，所以我開始為一些媒體、公司寫專欄、文案，賺稿費，也因此認識了不少編輯、讀者朋友。

我聽到過不止一位朋友這樣形容我：「哦，妳就是那類『三十歲辭職出國讀書』的人吧？」然後，大家會頗好奇地要我聊聊國外的生活，當初怎麼做出這個決定的，重回校園的感受等。

我會告訴大家，我居住的小鎮是個大學城，空氣很好，天很藍，秋天的樹葉有綠、有黃、有紅，色彩斑爛；這裡的居民都很淳樸、熱情，會主動和妳打招呼，停下來與妳聊聊天；學校的建築很漂亮，綠意盎然，有四萬名大學學生在此就讀，所以這是一個安全、靈動又充滿活力的地方。

大家聽完後都表示很羨慕，感覺像到了世外桃源，平時可以潛心靜讀，閒時可以擁抱自然。沒錯，的確是這樣，但我沒說的是，我們在美國的求學還有另外一面。

剛安頓好的第一週，我給學院的院長發了一封電子郵件（每個老師都有固定的辦公時間，用來解答問題），希望能瞭解一下科系的特色，並聽取一些求學建議。院長人很好，耐心聽我講了一堆後，面帶微笑地對我說：「Phoebe（我的英文名字），我給妳的第一個建議是，好好練習英語會話。」

雖然當時我的臉上帶著微笑，但內心超級受傷。院長講得很對，我會話確實很爛，但親愛的院長大人，您知道嗎？為了這次約談，我鼓了多大勇氣，做了多少心理建設？我的電子郵件改了三次才敢發給您，我把要談的內容寫了草稿、擬了大綱，完成這一切我才敢敲開您辦公室的門，結果一張嘴就「破功」。

沒辦法，在異國生活就是會這樣，得習慣自己先變成「聾啞人士」（至少初期是這樣）。我們在自己的國家學英語的時間不算短，加上申請出國時通過了英語考試，以為自己英語至少還算過得去。但在國外開始生活後才發現，能像在自己國家那樣用成年人的方式自由溝通是一件奢侈的事。妳得適應對方在聽完妳講話後一臉困惑地看著妳；還得適應不停地聽對方問「Pardon」，然後連比帶畫地重複剛才說的話；妳得適應語言、文化障礙帶來的前所未有的沉默和孤獨。

出國前，我的工作是培訓師，每天做諮詢、講課、演講，需要說很多話、見很多人。但在這裡，能讓我順利交談的人只有丈夫。每次和外國人開口講話前，不誇張地說，我都心驚膽戰。我的生理年齡是三十歲，但在當地人眼裡，我的溝通水準也許只有三歲孩童的水準。

這種阻礙不僅會讓妳感到孤獨，更重要的是，它會讓妳害怕開口、交流，久而久之，妳會變得不善溝通、疏於人群、遠離社會。一個人，如果脫離了社會，只活在自己的小世界裡，那和他不存在於這個世界也沒有多大差別。

既然已經發了誓去做一個「狠」女人，我當然不允許自己變成透明人，所以我必須改變現狀。

為了適應不同的口音，我專門挑來自不同國家的老師的課去旁聽，印度的、義大利的、日本的，現在想想還覺得挺可笑，別人學英語都要學最純正、最道地的，而我在不同教室間來回奔波，只為了聽那些不道地的口音。沒辦法，在美國生活的，又不是只有美國人。

為了練習口語，除了參加讀書會，定期去社區咖啡館做志工，有橄欖球比賽時主動志願幫忙賣吃的外，我會在大馬路上、圖書館門口等一切公共場所，只要看到有空閒、有善意的人就跑上去搭訕，聊天氣、聊食物、聊上海（這是外國人很想去的城市之一）。我想和我打過交道的老外們，一定會一改「東方人內斂、害羞」這個陳舊的看法。

在美國的生活遭遇了太多艱難：重新學習語言，搬家時要化身「女漢子」開著大卡車，大冬天樓上漏水整張床被淋濕，兩人只能鋪著單子睡在地上，以及為了省錢在二手店裡找樂趣……每一個困難襲來時，我對自己的選擇都有過懷疑和動搖，但每每克服後，我知道，自己又一次做到了，變強大了。

所以，偶爾有人說我：「妳去了趟美國不見得將來就會發展得更好，說不定以後會後悔啊。」也許吧，但至少我現在沒有為自己度過的三十歲而後悔過。

三十歲的女性在任何一個年代、國家來看的確都不能算年輕，而長輩們更是有一套標準答案等著去評價我們。在他們看來這樣的三十歲才算正常：有個老實的、會過日子的丈夫；孩子已經到了能上學的年紀；從事著一份收入不必高但穩定、清閒的工作──例如：老師或公務員──然後省吃儉用給孩子存錢以後上好學校，未來有能力幫孩子們付房錢。

這種生活並非不好，但就這樣變老下去的人生，未免有點可惜。

這個世界不乏「脫軌」的女性，例如：著名的節目主持人、女企業家楊瀾。在當年主持《正大綜藝》達到主持事業巔峰的時候選擇卸下光環赴美深造；還有，美國超模克莉絲蒂・杜靈頓，十四歲就走紅於模特圈，各大品牌代言接到手軟，十年伸展台生涯卻在最紅的時候急流勇退淡出時尚圈，回到象牙塔學習，後來成為EMC公益組織的創始人，致力於解決全球孕婦、產婦的健康問題。

女人是從什麼時候開始真正變老的呢？答案一定不是三十歲，除非妳從此讓自己處於休眠、停頓狀態。如果我們沒有放任自流，沒有停止學習（不一定指書本學習），沒有放棄對更好、更美的人與事物的追求，一直處於自我更新、自我升級的狀態，怎會老去呢？

♀ 可以很柔軟，但請讓自己的內核強大且堅硬

一個熱愛自己人生、拚命向上的女性，何止不會老。懂得自我更新、升級的女性，她的價值必然也會隨著年歲增長而增加。

這種增值可以用經濟實力來衡量。舉例來說，正常情況下，妳在三十歲時賺的錢應該會多於二十歲；妳的存款也會隨著年齡的增加而增加，讓妳「手裡有糧，心裡不慌」；而更能賺錢的妳也一定更懂得怎麼花錢。

但增值遠不止於此。內核的強大才是我們比年輕時更值錢的根本。

我始終相信每個人都有一個內核，它可以是「三觀」、能力、責任、閱歷、認知……總之，任何人的一生都是依靠這個內核的力量走下去的。而能夠保持自身價值隨年紀同

步增長的女性，那強大的內核應該表現在三方面：

第一，勇氣

很多人認為勇氣只是屬於「青春時的特權」。例如，妳可以輕易愛上不該愛的人，即使他是渣男也沒關係，因為妳還年輕，還有回頭的機會；例如，妳可以辭掉一份不喜歡的工作，因為妳是年輕人，選錯了是正常的，來日方長，可以慢慢試錯；甚至可以說自己「抽菸、喝酒、打架、刺青依然是好女孩」，因為年輕嘛，做這些也不算太過分。

這些選擇背後的資本往往與金錢、實力無關，而與勇氣有關——那種「因為我年輕，所以我還有勇氣去選擇」的力量。

的確如此。一些不需要負責任，不需要考慮後果，甚至無畏、魯莽的選擇的確只有擁有青春式的勇氣才敢做出，並且往往不會招來非議和批判。

但如果到了一定的年紀，再來一次說走就走的旅行，再來一次輕易把辭職信丟在老闆辦公桌上的舉動，這時候，妳得到的評價就不是「有勇氣」了，而是「無腦」。

但這不代表上了年紀我們就該丟失勇氣，恰恰相反，三十歲的我們會比二十歲時更有勇氣——是那種面對困難解決問題的勇氣。我喜歡這種勇氣，它多了理性，少了任性；多了思考，少了情緒。

小希是我的好友，曾經她和父親的關係一直很僵，因為父親在她六歲時愛上了別的女人，拋棄了她和媽媽。臨走時，小希哭著跪在地上抱緊父親的腿，求他別離開。父親扶起她，說了一句話：「關於愛情，希望長大後妳能理解我。」

小希沒辦法理解。父母沒離婚時，即便兩人的感情算不上濃情蜜意，但這個家至少是完整的。而現在，餐桌旁的椅子有三把，茶几上的杯墊有三個，但家裡只有她和媽媽兩個人。小希曾發誓，這輩子都不會原諒父親。這十幾年來，只要是父親來看她，她就直接摔門走人；父親來電話，她就直接掛斷。

後來，小希遇到了愛她多於愛自己的另一半，兩人戀愛、結婚，感情一直很幸福。偶爾，小希回憶起小時候父母尚未離婚時的樣子——他們很少溝通，更多的是客人間的禮讓而非愛人間的甜蜜，甚至在離婚的前一年，父母就分房睡。小希對父親的那種憎恨就有點動搖了。

後來，她從病逝前的爺爺那裡得知，父母的婚姻不過是一次孝子的成全。那時奶奶癌症晚期，她一直想在臨死前看到唯一的兒子結婚，於是就托媒人介紹。奶奶相中了媽媽，媽媽也看上了爸爸，但爸爸對媽媽無感，無奈奶奶以死相逼，說沒幾天可活的了，唯一的心願就是看到兒子結婚，才肯瞑目。爸爸無奈，只能答應了這場婚約。

小希對我說，她對父親的感情很矛盾，覺得他可憐、無辜，但想到媽媽還是被他拋棄了，心裡沒辦法釋懷。不過最終，小希還是和父親重修了關係。她鼓足勇氣和父親見了面，試著放下自己的情緒和偏見，從一個被愛情包圍的女人，而非女兒的角度去聽父親解釋、訴說。最後，她原諒了父親。

小希說：「父母的愛情我無權控制與干涉，但我騙不了自己的內心。雖然我的媽媽是受害者，我也得承認爸爸也是受害者。一個選擇去追求自己愛情的男人，我能責怪他一輩子嗎？」

也許這就是長大後的勇氣，能接受自己過去不能接受的事情。

第二，篤定

其實篤定和勇氣是相輔相成的，也許是妳對自己的目標和選擇更加篤定，才更有勇氣去面對、放手一搏。

篤定，就是少問為什麼，多問怎麼做；少一些情緒發洩，多一點理性思考。

當然，這並不是說讓妳糊里糊塗一頭栽進某件事，連方向和目標都不清楚。雖然我覺得人生很難有絕對清晰的目標、絕對筆直的方向，迷茫和困惑會伴隨我們一生，但三十歲以後的篤定，就是妳不會對自己當下的行為和想法隨便動搖。至少妳很清楚，這個是自己目前想要的、必須要做的，那個是妳不能去碰觸的、不必去想的。

剩下的時間和精力就是全力以赴去想怎麼去實現，怎麼去解決，怎麼做得更漂亮。

我的前上司安娜就是這樣一個人。

安娜是典型的處女座，這一點在她對工作拚命、完成任務時「龜毛」的程度上有了充分展示。正常人的工作時間朝九晚五，八小時，安娜的工作時間是八小時之餘再八小時；正常人休假的模式是旅行、看電影、吃大餐，安娜的休假模式是回電子郵件、接客戶電話、改PPT兼顧旅行、看電影、吃大餐；普通人年終總結草草一寫交差完事，安娜寫七個版本後，還在給自己挑毛病。

剛到職時，我以為她這麼拚是要養家、還房貸，或者努力賺錢給父母養老。

後來，她女兒滿月邀請大家去她家玩，我才知道她的家境相當不錯，就算做一份薪資微薄的閒職也可以衣食無憂地住在豪宅裡；丈夫對她也沒什麼要求，而安娜的父母更是退休高層，根本不需要她操心經濟問題。

工作這麼拚，不為錢，圖什麼？這個問題藏在我內心很久。後來相處久了，某次與安娜閒聊，我問她：「妳工作幹嘛那麼拚啊？我們公司薪水不算高，也不是按件計酬，妳少見一個客戶、少修改一版PPT也不會扣妳錢，多做也不會給妳加薪，妳究竟圖什麼？」

安娜雲淡風輕地說：「沒什麼為什麼啊，工作嘛，不就是應該做好嗎？」

是啊，哪有那麼多「因為……所以」「原因是……」的解釋呢？隨著年齡的增長，我們的身分和角色也會增多，做好工作本分就該是順勢而為的事，為什麼需要特別的理由呢？

篤定是一種對自己的信任，它讓妳不輕易懷疑自己的選擇、行為、想法，這種不輕易懷疑自己的瀟灑真的需要時間的沉澱。

第三，豁達

年輕的時候，我們會輕易去問自己、問別人：「他到底愛不愛我？」而到了一定年紀、經歷了一些風雨後的女性根本問不出這樣的問題，因為答案已經寫在她們自己心裡，我們無須自欺欺人或多此一問。

就像張愛玲與胡蘭成的《傾城之戀》。她曾愛他「低到塵埃」，胡蘭成與她尚且是夫妻時，就移情別戀護士小周，張愛玲滿心難過卻也只能因為愛他而隱忍。後來，胡蘭成又與范秀美相愛，至此張愛玲終於明白，兩人之間的愛早已蕩然無存。在幾個月後，待胡蘭成脫離險境，張愛玲的訣別信到了：

我已經不喜歡妳了。妳是早已不喜歡我的了。這次的決心，我是經過一年半的長時間考慮的。彼時惟以小吉（劫難）故，不欲增加你的困難。你不要來尋我，即或寫信來，我亦是不看的了。

也許張愛玲終於明白了，愛或不愛與我是不是才女、你是不是濫情、我們是不是曾經相愛都無關係，愛時便愛，不愛時就永不再見。

所以，幾年後，即便胡蘭成誤會了張愛玲寫來的借書信函，以為還能舊情復燃，寫了纏綿書信給張愛玲，她也能清爽、果斷地拒絕：

蘭成：

你的信和書都收到了，非常感謝。我不想寫信，請你原諒。我因為實在無法找到你的舊著作參考，所以冒失地向你借，如果使你誤會，我是真的覺得抱歉。《今生今世》下卷出版的時候，你若是不感到不快，請寄一本給我。我在這裡預先道謝，不另寫信了。

愛玲

張愛玲曾在《半生緣》裡寫過一句話：「愛就是不問值得不值得。」這句話也是她與胡蘭成的愛情寫照：不問值得與否，只是愛妳時，可以不顧一切；不愛時，便永不回頭。

「豁達」是一種智慧，它需要在見過一些人、經歷一些事後才會來到妳的身邊。

「勇氣」、「篤定」、「豁達」六個字看上去普通，但它們就是女性越來越強大的內核。這個內核不與年齡成正相關聯繫，但的確需要時光和閱歷去反覆琢磨，才能看到它被拋光後閃耀奪目的模樣。

♀ 愛情上獨立不是不依賴，而是不被他人左右

先申明一點，提到「狠」女人時，請大家別把那種只醉心於工作、冰冷、強勢，沒有人情味或女人味的女性形象代入。「狠」女人首先是女人，沒有幾個女人不對愛情和婚姻充滿期待。愛情和婚姻對「狠」女人來說非常重要。

但，她們沒必要把愛情和嫁人這些事看作人生頭等大事，甚至沒有把結婚看作是這輩子必須要做的事。

在我父母那一輩人看來，沒有結婚生子的女人的一生是不完整的，這讓我真的很想用我喜歡的女作家莊雅婷曾說過的一句話回擊：「我又不是盤子，為什麼要追求完整？」父母那代人的觀念與我們有出入，得出這樣的結論也就算了，氣人的是同齡已婚的

女人們也不乏有人有這樣的觀念，妳一個人單身著明明過得不錯，她們非得湊過來說一句：「這麼大年紀了，還不找個男人嫁了，以後怎麼辦？」有些男人更過分，只要是適齡女人未婚的，在他們眼裡就是「一定有問題」。

我曾就此問題採訪過我身邊的男性友人，他們當中有的是受過高等教育的留學生，有的是家教甚嚴的「名門子弟」，有的是房產兩位數的土豪之士，按理說財力、經歷、見識都算拿得出手，但對女人結婚這件事的看法真是一點都沒有進化，在他們眼裡二十五歲以上還單身的女性，不是太「嬌」就是太「差」；而如果到了三十歲還沒有結婚，就認為「這個人一定有問題」。

能有什麼問題？有些女人不過是對愛情和婚姻更有要求，不想為了傳統世俗的規則和三姑六婆的催促而將就罷了。這些女人往往更聰明，她們知道嫁人不難，但能夠「嫁對人」其實是有相當大的難度的。說句俏皮一點的話，想要「嫁對人」，至少需要三個步驟：

第一步，找到那個「對」的人

僅這一點就涉及非常深刻的自我認知。沒錯，首先不是瞭解別人，在嫁對人前，妳先要對自己有非常透徹的瞭解，如此才能進一步去界定何為「對」。

例如，妳要知道：

自己是什麼樣的人？想成為什麼樣的人？

需要什麼？能放棄什麼？

擁有怎樣「三觀」的人才能與妳合得來？

交往中的底線在哪裡？

未來的計畫或生活的趨勢是什麼？

對生活以及子女、父母等各種關係持什麼原則？

可惜很少有人願意靜下心來思考這些「吃力不討好」的問題，因為它們很難讓我們即刻獲益。但如果一個人連自己都不瞭解，又如何知曉什麼樣的人是適合自己的？何謂對的人？

這就好比在鏡子前，沒有物體，我們是不可能得出鏡像的。一切對客體清晰的認識，都是建立在清晰的本我認識之上。美國婚姻問題專家朱利・溫格（Julius Wenger）在《幸福婚姻法則》（*Happy Marriage Laws*）中曾說過：「即使是最幸福的婚姻，一生中也會有二百次離婚的念頭和五十次掐死對方的想法。」最幸福的婚姻尚且如此，更何況那些靠慣性和懦弱，而非靠真愛走完一生的伴侶。聰明的女人一定明白，自己不想要這樣的愛情。

第二步，能夠順利地嫁給他

即使對自己的一切都明鏡於心，也不代表就能和對的人在一起，因為這之間還有很重要的一個步驟：妳是否能遇到並嫁給他。

有個故事說的是上帝造人，男人和女人原來都是同一個蘋果。有一天上帝生氣了，把蘋果切成兩半，扔到人間。男人和女人的結合，就必須先找到自己的另一半蘋果。這個故事似乎想要賦予男女之情完整性、唯一性，好像一個人只能有最對口的那一半蘋果，如果找不到，那這份感情就不夠完美、有些遺憾。

妳看，連神都喜歡賦予愛情最美好的樣子。

其實我是不太相信「一半蘋果」、緣分、命中註定等等這些把愛情神話過的傳說和詞語。雖然愛情是很「人本位」的感性事物，但在相遇、結合這些事上我更相信機率——

沒錯，就是那些沒有溫度，也不浪漫的數字。

劉若英的〈原來妳也在這裡〉這首歌裡有這樣一句歌詞「愛是天時地利的迷信」，「對的人」也許是某種迷信、信仰，但首先要有「天時地利」這個剛剛好的機率。

我相信兩個人的相遇、相知、相愛背後靠的是機率，那個和妳走到一起的人，一定比別人多了一些「勝出」的機率，或者在某方面擁有了較高的、被認可的機率；我相信愛情中沒有「完美伴侶」這回事，更多的是相互補充、共同成長這種「偏比較級」的關係；我相信在愛情、婚姻的世界裡不存在「高攀」這件事，能走在一起、共度一生的伴侶都是棋逢對手、勢均力敵。

我的朋友小安嫁給了一個大家都認為「配不上她」的丈夫。小安是五十大外資企業的一名中階主管，工作時間「九九六」（朝九晚九、一週六天），年薪約新台幣二百萬元；除此之外，她還有傲人的馬甲線，參加馬拉松不遜於專業選手；同時還是兩家時尚雜誌的時尚顧問。小安在眾人眼中優秀如「女神」，但小安的丈夫大風則是一個典型的「經濟適用男（找不到缺點也不太突出的工具人）」——在公家機關只是一名小職員，薪資微薄、工作略顯平庸。也許是偏愛自己的朋友，我們都認為，沒有家世又賺得不多的他能娶到小安，真是高攀了。而且，結婚一年後大風就辭職了，專職當家庭煮夫，在家伺候老婆。有些朋友私下裡叨唸，雖然我們不需要男人賺錢養家，但三十幾歲就「家裡蹲」似乎沒幾個老婆願意吧。何況小安不是普通的女孩，那可是眾星捧月的「女神」啊。

小安卻無所謂，她說：「大風開心就好，而且我也能吃得更好，何樂而不為？」

朋友們除了說大風上輩子一定是拯救了全宇宙，這輩子才撿到了這樣珍貴的老婆外，還能說什麼呢。但接下來的發展還真讓大家跌破自己的「有色眼鏡」——「家庭煮夫」大風居然把伺候老婆這件事做得風生水起、有聲有色，不僅成了兩性專欄作家，還因為做飯做得太好，出了兩本大賣的美食書，最近剛收到邀請去錄製一檔地方電視台的美食節目。

「家庭煮夫」大風現在是朋友圈裡的明星大風，但他還是餐餐不缺地為老婆研究、準備料理，用食療維護老婆的美麗和健康，定期寫信給老婆誇她、告訴她愛她，節日和紀念日用心準備禮物。所有人都認為這場婚姻不平等時，只有小安知道大風並沒有「高攀」她，是她剛剛好的另一半。

第三步，能夠和「他」一直走下去

戀愛容易，婚姻難；相愛容易，相處難。這大概道盡了一段完整愛情的艱辛。光是保持一段關係的完整性幾乎就用盡全身氣力了，更別說想要愛情接近完美模式會有多艱難。

如果妳經歷過愛情、經歷過分手就已經覺得撕心裂肺，很難再愛了，那要維持一段婚姻只會比這個難上千倍萬倍。我並非危言聳聽。結婚前，我也曾經說出過類似「將來過不下去就離吧」這樣的狠話，那時候覺得一生很長，愛情不短，不應該在錯的人身上浪費太多精力。

但現實中，很多時候很多人的婚姻的結束並非是因為像電視劇裡演的出軌，也不是身旁的那個人錯得多離譜，消耗感情的往往是一些枝微末節的不值得一提的事情，以及沒有錯得很離譜，但就是不夠稱心的那個伴侶。

北京盈科律師事務所的張晶律師從二〇一二年開始做離婚訴訟，他接觸了上百起離婚案件，發現這些已經或即將瓦解的夫妻關係中無一不是敗給了生活中的瑣事，而非出軌、背叛這類「猛料」。從養幾隻貓、丈夫只沉迷於打遊戲到家裡停電了沒人去繳電費，小事對愛情和婚姻的破壞力道，超出我們的想像。

每對夫妻幾乎都說過「我們也沒有什麼大問題，就是經常為了一些雞毛蒜皮的小事吵架，過後常常連為什麼爭吵都不記得了。」這樣的話，包括我自己，過去對此不以為然，現在卻要另當別論了。真要是遇到「大事」時，結束一段婚姻反而更容易，但往往就是這種無關痛癢但又著實磨人的小事，更讓愛侶們頭疼，能夠解決、平衡、避免甚至消極應對——忍受這些小事，並且忍受一輩子，需要莫大的智慧和氣量。很多夫妻，也許受得了一時，卻忍不了一世，最終只能分道揚鑣。

任何一對能走完一生的夫妻，無論讓他們走下去的動機是什麼，其實都值得我們敬佩，至少他們為了不讓這段關係半途而廢，付出了旁人難以想像的氣力。

大多數女性都想「嫁給對的人」，但什麼是「對的人」呢？有人說是有趣的、寵自己的；也有人說是能和自己共同進步、共同成長的。人人都有選擇的權利，這些想法都沒有問題，不過對「狠」女人來說，格局還不夠大。

「寵我，讓著我」這種「小女人」作風明顯不是「狠」女人對愛情和婚姻的所求；而「妳年薪新台幣破百萬，我年薪也要到差不多的水準。妳升任部門經理，我也要成為團隊主管」這種共同成長和進步的婚戀關係在「狠」女人眼裡，也顯得有些算計。

在「狠」女人眼裡，好的愛情和婚姻應該是那個人和自己都能以家庭利益（這個「利益」不僅僅指經濟）最大化為目標，同時在這個過程中，雙方還能找到各自舒服的、適合的位置相處下去。在這段關係裡，只有理性衡量後的妳情我願，沒有一顆裝滿委屈和付出感的心。就像史上最偉大的網球運動員費德勒（Rager Federer）和妻子米爾卡（Mirka Federer）那樣的愛情一樣。

費德勒的妻子米爾卡年輕時也是一位網球運動員，比費德勒更早成名。她曾與一位杜拜王子相戀，王子家世顯赫、家財萬貫。在戀愛期間，王子開跑車帶她去訓練，為她在比賽期間訂最貴的酒店套房，甚至開著私人飛機帶她去參加比賽。相戀兩年後，王子向米爾卡求婚。他說：「只要妳嫁給我，我的一切都是妳的，但有一個前提，嫁給我以後，我不能忍受妳每天出去比賽。」

米爾卡拒絕了王子。她說：「對不起，我不會為任何東西，放棄我最愛的網球。」

二〇〇〇年，米爾卡和費德勒以瑞士代表團的網球運動員身分參加雪梨奧運會，那時的費德勒默默無聞，球打得並不出色。他對清純可愛的米爾卡一見鍾情。二〇〇二年，米爾卡因阿基里斯腱撕裂，不得不放棄自己的網球職業生涯。退役後的她，不僅是費德勒的女朋友，還當起了費德勒的經紀人、助理等等，幫他打理一切事務，只為讓他安心打球。

自從有了米爾卡，費德勒有了堅定的方向和動力，他的天賦與努力被不斷挖掘。他殺入男子網球排行前五十名又進入年終世界前八。直到二〇〇三年，費德勒在溫網捧起了自己人生的第一個大滿貫。從那時開始，費德勒便多年蟬聯世界第一。

雖然身邊有一位球技超群、身價不菲的男朋友，米爾卡仍十分低調。媒體曾經試圖採訪她，米爾卡只說了一句話：「我們沒有什麼愛情故事，費德勒需要安靜，我們的愛情也需要安靜。」而費德勒成名後，沒有被任何光環虛晃了自己的意志，在體壇明星頻頻爆出生活醜聞的時候，他和米爾卡照樣安靜地過著自己的小日子。

隨著費德勒的走紅，很多粉絲開始攻擊米爾卡，說她配不上費德勒。但費德勒對他們說：「我的妻子為了我的飲食，每天都嘗試著各種起司和義大利麵的作法，她為我付出了很多，她是上帝派給我的專屬天使。」在費德勒巔峰時期的那幾年，他身為專業網球選手，竟然沒有一個固定的教練。陪在他身邊的，只有米爾卡一人。

二〇〇九年，費德勒與米爾卡步入了婚姻殿堂，婚後的他們一如往常地恩愛。米爾卡快到預產期的時候，費德勒為了不耽誤訓練又能第一時間照顧妻子，就把手機綁在襪子裡，一邊練球，一邊接聽來自妻子的消息。費德勒不止一次對媒體說：「沒有米爾卡，就不會有今天的我。」就在他將近四年毫無收入的日子裡，支撐他的，除了對網球的熱愛，還有米爾卡的支持。

有記者問及他退役的事情，費德勒是這樣說的：「對我來說，家庭更加重要。現在是米爾卡每天陪著我四處征戰，如果有一天，她厭倦了這種漂泊，那就是我退役的時候，因為我不能想像沒有她陪伴的日子。」

在「費米」愛情中，我看到的不是犧牲與付出的計較，而是一加一大於二的合力。我始終相信，「共同」這件事在愛情、婚姻中非常關鍵。共同進步，共同成長，共度難關，才是守護真愛的姿勢。

♀ 別把另一半當成不努力的藉口

「我並不想追求家庭和事業平衡，工作是人生第一伴侶。」這是許多「狠」女人總結出的職業觀。

過去，成功女性總是被塑造成能夠兼顧家庭和工作的人。她們不僅工作出色、身居主管之位，同時也是個能照顧好丈夫和孩子的好老婆、好母親。身為女性，如果只是在料理家庭方面出色或者只是在職場上有成績，抑或好不容易兩方面都兼顧了，但做得不盡如人意，不好意思，那得不到什麼好評價。做全職主婦、賢妻良母，一般被扣上的帽子是「不獨立」「不能與另一半共同進步」。如果在職場有出色表現呢？身居要職，貢獻突出，年薪七、八位數，車、房統統自己買，是不是就會成為傳說中的「成功女性」呢？

無須我多言，我們都知道這個社會對「成功女性」、「女強人」這類人的容忍度有多低。在做第一份工作時，我曾親耳聽到同事們如何議論某位女區域經理：

「真可憐，單身一人也沒什麼精神寄託，只能當個工作狂了。」「看她這種在工作上的拚勁，誰敢娶她？」

所以市面上才有許多書籍和文章，教女性們如何平衡工作和生活。

如果對「平衡」的定義是對工作和生活都能照料、顧及，我相信這樣的女性不少。甚至說，當下很多女性都是「成功的」，因為她們在工作上有不俗的表現，同時也能維持自己的家庭正常運轉。但完美與理想總給女性這樣的壓力：

工作上，妳職位不能低，得是公司主管，為公司每年創造高價值；

收入上，賺得要和丈夫不分軒輊，要承擔起至少一半的家庭經濟責任；

家庭上，妳得能定期給丈夫、孩子下廚，暖暖他們的胃和心，還能和公婆和睦相處、討他們歡心，最好能有實力和時間每年定期帶父母來次國外旅遊；

對孩子，妳要清楚學習進度、優勢和進步的空間在哪裡，能輔導功課，能不缺席任何學校安排的親子活動，還能和老師以及其他孩子的家長處理好關係，隨時知曉學校的風吹草動。

對了，還有妳自身呢。即便承擔了上述所有種種，妳也必須維持身材纖細、氣質優雅、肌膚緊繃、貌美如花。

追求這種完美的「平衡」，要付出多大的代價，這一筆帳誰都能算得明白。聰明女人知道一個人的時間和精力都是有限資源，選擇把九〇%的資源投入給 A，就不可能讓 B 達到一百分。當妳在職場和客戶、老闆、同事、下屬搏鬥了十二個小時後，剩下的時間即便時間本身允許，妳自己的精力也不允許妳把家庭照顧到完美。更何況，還有因個人喜好而導致的選擇傾向呢。所以，她們不會因為「失衡」而內疚、懊悔。她們明白「世間安得雙全法，不負如來不負卿」的道理。正因此，無論她們是選擇奉獻給家庭，還是選擇奉獻給工作，都會全情投入、無怨無悔。

我的大學同學梅花就是如此，在打算生第二胎時，她毅然決然地辭職。雖然當時她剛完成公司的一個重要任務，即將被提拔為副總監，但深思熟慮後，她還是選擇回歸家庭，當一個「全職主婦」。梅花的父母、親戚怎麼勸都勸不住，說：「妳生完我們來幫妳帶就好了啊，為什麼要辭職呢？那麼好的工作，那麼高的職位，那麼豐厚的薪水，而且妳辭職後與社會脫節，對家庭沒有財務貢獻，靠男人吃飯能靠多久呢？萬一感情出問題，妳怎麼生存？」

而梅花有她的考量。第一個孩子就是父母幫忙照顧的，那時她忙著競爭部門經理的位置，鬥得昏天暗地，忙得四腳朝天，完全無暇分身照顧孩子。老人帶孩子除了寵就是寵，梅花的父母也不例外，雖然孩子生活上被照顧得很好，但也有很多其他問題。例如，孩子特別嬌，動不動就哭；遇到不合心意的事情就立馬大吼大叫；與他人相處時非常霸道，不管是不是自己的東西，只要自己喜歡就立刻動手去搶，是個名副其實的「熊孩子」。

梅花想：副總監的位置和孩子的未來哪個是自己更看重的？她內心知道是後者，而且丈夫也支持她這麼做，所以，她辭職辭得乾淨俐落。

其實，鼓勵女性追求家庭、事業兩不誤並沒有什麼錯，但「平衡工作和生活」從來也絕對不該是女性一個人的事。女性想要在「平衡」之路上走得順利，個人認為至少需要滿足以下四個條件：

自己要有一個明確的選擇

這種選擇不是非 A 即 B 式的排他性選擇，而是需要有一個明晰的重心：我希望透過家庭還是工作來更完整地實現自我價值？

妳可以透過各種性格測試來確定要把重心投向哪裡，也可以去詢問自己信任和崇拜的人，可以和另一半商量，可以和好友討論，但最重要的是，妳要問問自己的內心，究竟想要追求什麼。在獲得他人支援和建議之前，妳需要自己下定決心去進行所謂的取捨。別人可以幫妳解決部分「如何做」的問題，在這之前，妳先要自己確認「做什麼」。

不要貪心，什麼都想要，最後只會什麼都做不好，反而會讓自己承受巨大的挫敗感。也不要害怕，選擇了 A 是不是就讓 B 蒙受了巨大損失。損失和代價一定是有的，但收穫與成長也是對等的。

妳需要獲得家庭的支援

Facebook 首席運營官雪柔・卡拉・桑德伯格曾在著作《挺身而進》（*Lean In: Women, Work and the Will to Lead*）裡提過一個觀點：女性事業的成功需要有一個理解她，並能全力支持她的丈夫。

僅僅是追求事業的成功就需要另一半全力支援，更何況是事業家庭兩不誤，只有丈夫的支持恐怕是不夠的。

如果妳選擇在事業上投入更多一些，妳需要的不僅是丈夫的支持——他能理解妳的理想，能幫妳承擔比較多的家務，更需要其他至親的支援。例如，對孩子來說，他的母親可能不那麼顧家，無法常常陪伴他。這個時候需要讓孩子理解妳對他和這個家庭的貢獻、價值在什麼地方，否則很容易讓孩子產生誤會，以為他對妳來說並不重要。

除此之外，如果妳的父母、公婆「男主外、女主內」的傳統思想比較嚴重，那妳也要爭取獲得他們的理解與尊重，不要因為他們的「閒言碎語」影響了和丈夫的感情，也不要對自己的選擇產生懷疑。

拒絕他人對自己指手畫腳

正如前面所言，除非妳做到完美，否則無論怎麼選都不可避免會惹人非議，成為「女強人」別人會說妳沒人疼愛、不顧家；成為「賢妻良母」，別人又會說妳沒有自我、沒有事業追求。生活和人生都是自己的，不畏他人的評價才能更順利地行走。

不要有其他負擔

我覺得能把生活和工作都做得特別出色的女性，除了自身的能力強大外，運氣也很重要。

想一想，如果妳和另一半各自在異地工作，可能要耗費一部分時間和精力去守護好彼此之間的感情；如果妳的父母身體不好，可能妳需要花更多時間去照顧他們；如果妳生完孩子沒人幫妳照顧（在華人社會通常是長輩幫忙帶孩子；在美國，媽媽想要重返職場需要儘早去排當地的日托中心），即便野心勃勃，當下也不得不做出「是否要做全職媽媽」的選擇了。

對女性而言，工作與生活的成功與其他成功一樣，需要天時地利人和，更需要全力以赴的「狠」勁。人類對完美的追求是不會停止的，無論是男性還是女性，對完美女人的期待也會一直存在。成為「狠」女人，不是要放棄成為一個好女人，而是我們可以更勇猛一些：

對待愛情，也許不必非要成為小鳥依人、備受呵護的那一種，而是無論愛情是否在身邊，都能活成獨立、美麗的自己；對待家庭，也許不必非要成為賢妻良母，而是記得妳首先是妳自己，其次才是妻子和母親，要讓伴侶和孩子明白妳首先是個獨立的人，然後才是其他身分，只有這樣，他們才懂得更尊重妳，並且承擔起自己應該承擔的責任；對待工作，妳要敢於成為一個野心勃勃的女人，也可以安心地做一個「螺絲釘」，無論出於什麼選擇，妳都會盡全力把它做到最好、找到樂趣，而不是讓工作只成為妳定期領薪水的地方。

做個「狠」女人，首先要做個能夠活出鮮活自我的女人，有溫柔，更有力量；會感性，更懂理性；愛他人，更珍惜自己。然後妳會發現，這種「狠」，會讓女人更有女人味。

Part 2

關於工作

當妳的優點足夠發亮，
別人才會寬容妳的短處

♀ 這個世界終會回報拚命工作的人

「Workaholic」：工作狂。這個單字在我上大學時背誦過，只是那時對它沒什麼感覺，甚至還有一點點嫌棄。

傳統文化講求「過猶不及」，凡事做過了頭就不好，工作也一樣。而且十年前我上大學時，人們對「工作狂」普遍持批判態度，因為他們總是以犧牲家庭和健康為代價，算起來得不償失。

如果妳是一位「女性工作狂」，可能更糟糕，背後延伸出的涵義通常是：沒有組建起家庭或家庭不幸；有家庭也是丈夫不夠優秀，才需要妳在職場上努力打拚；而且一定有一張不近人情、冷酷、強勢、兇悍的臉。

還好，這是「工作狂」過去的涵義與形象了。從我開始工作到現在，十年過去了，很開心看到「工作狂」正逐漸變成一種讚美。現在說一個人是工作狂，延伸出的涵義通常指：能力強、地位高、賺得多、有追求。

我覺得自己很幸運，有一位把事業放在第一位的母親，讓我在很小的時候就意識到工作不僅僅是男人的事，女性也可以且應該有自己的一片天地；工作後，很巧合，帶我的三位直屬上司都是女性，各個「心狠手辣」，卻因為在工作中取得了比男性更優異的成績，而受到大家的尊重。這讓我明白，女性展現自我價值的管道不只是料理家務，照顧好丈夫和孩子，職場同樣可以是我們展現魅力的舞台。

♀ 什麼時候拚命工作成了嫁不出去的「Option B」？

我身邊有不少女性即便不贊同「女人的本職工作應該是嫁人、生兒育女、料理家庭」的論調，但依然覺得，身為女性，在工作中確實不需要太拚，有個安穩、舒適的工作就好。而找個清閒工作的原因則是擔心自己與社會脫節，或只把家庭當成自己全部的世界，不夠「跟得上時代」，會遭人非議。

說到職場，很多女同胞始終還是認為那是男人的世界，女性的第一要務還是打理好自己的容貌，然後憑藉自己的慧眼和智慧找到一個好丈夫，這才應該是女人的世界。然而打理好自己重要嗎？重要！嫁對人重要嗎？重要！但這些並不影響我們女性在職場上也有一番作為。從什麼時候起，拚命工作成了嫁不出去的「Option B」（選項）了呢？

在這方面，我尤為佩服雅虎前ＣＥＯ瑪麗莎．梅耶爾（Marissa Mayer），這位貌美如花的網際網路行業巨頭ＣＥＯ，嫁得如意郎君卻依然堅持一週工作一百三十小時，更創下了只休了十一天產假就回來工作的超強紀錄。

二〇一七年六月十三日，美國大型通信企業威訊無線（Verizon）宣布完成了對美國網際網路巨頭雅虎品牌核心業務的收購，二十二歲的雅虎剛進入青年時期，就邁入了晚年，從此只能成為人們回憶中的傳奇公司了。

雅虎就這樣退出了網際網路的舞台，一併離開的還有它的第五任ＣＥＯ瑪麗莎．梅耶爾。網上有人評價梅耶爾是大型網際網路公司裡最「灌水」的ＣＥＯ。曾經的雅虎，巔峰時期雇用了近十七萬五千名員工，市值達到一千二百八十億美元，而這家巨頭公司於二〇一七年六月十三日終結在它的第五任ＣＥＯ瑪麗莎．梅耶爾手中，僅以四十五億美元的價格被威訊無線收購。

大家曾寄希望於她能成為「女賈伯斯」，力挽狂瀾，重振雅虎，所以，五年前把帥印交給了三十七歲的她，但她終究未能挽救雅虎的命運。但即便梅耶爾失敗了，她的努力、取得的成就、創造的貢獻依然值得我們敬佩。

梅耶爾是那種不優秀不成活的人。

中學時的她是學校辯論隊的明星辯論高手，獲得過州辯論賽冠軍；是學校啦啦隊隊長、芭蕾舞隊台柱。高中時課間休息一般是二十分鐘，但梅耶爾是那種在廚房或自動販賣機上隨便拿點食物吃，就馬上鑽進圖書館或實驗室讀書的人。她從來不會待在某個地方，利用那二十分鐘的休息時間去閒聊。

申請大學時，梅耶爾曾向十所大學遞交申請，包括哈佛大學、耶魯大學以及史丹佛大學，十所全中，最終她選擇了史丹佛。

進入大學後的她雖然有了更多自由，但並沒有熱衷於去做「party 女王」，依舊保持著刻苦的精神，她時常因熬夜唸書而來不及換衣服。朋友眼中的她總是書不離手，學習很勤奮，無論做什麼都會事先計畫好，安排得一絲不苟。她對人和善，但不善言談，總會躲開朋友們的閒聊，跑去別的地方讀書。

梅耶爾原本立志要當腦科醫生，卻因為嫌課程枯燥乏味、無法訓練她的思考能力轉向橫跨語言學、哲學、認知心理學、資訊科技的符號系統學作為主修，專攻人工智慧，取得了資訊科技碩士學位。

畢業時，她「橫掃」卡內基美隆大學、麥肯錫管理諮詢公司和甲骨文公司等十四家世界頂級學府與企業的 offer，最終卻「鬼使神差」去了史丹佛學長剛建立不久的 Google，成為 Google 創業之初的第二十名員工，也是 Google 歷史上首位女工程師。

從一九九九年到二〇一一年供職 Google 的十二年裡，作為第二十位員工的梅耶爾成了 Google 副總裁，她直接管理著二百名 Google 經理，間接管理著三千名軟體發展工程師，她所管理的地區服務業務占了整個Google公司的二〇%至二五%。因此，梅耶爾也被稱為「Google公司最有權勢的女人」，她甚至曾被《新聞週刊》（*News-Week*）評為「當代最有權力的女性之一」。

二〇一二年梅耶爾擔任雅虎CEO，成為「雅虎鐵娘子」，在當年《富比世》（*Forbes*）雜誌的「二〇一二年全球權勢女性一百強排行榜」中排名第二十一。

梅耶爾掌管帥印後的頭兩年也曾扭轉雅虎頹勢，在上任第一年，雅虎股價從十五．七四美元飆升到二十八美元，公司的價值上漲超過一倍，一度高達三百三十億美元（雖然大多得歸功於其持有的阿里巴巴股份）。

更重要的是她聚攏了員工們的民心，提升了士氣。「以往公司停車場都要等到早上十點才會全滿，然後下午四點立即清空；梅耶爾上任後卻是早上八點就全滿，下午六點半還未清空。」

很多人一聽到IT、工程師、程式設計這些詞，腦海中就會冒出不修邊幅、連著十幾個小時面對電腦的工程師形象（世界首富比爾．蓋茨除了以富聞名外，在圈子裡還以不洗澡發臭而出名）。即便是鳳毛麟角的矽谷女性，大家也很難把她們和美麗聯繫在一起。而梅耶爾是個例外，她若想「靠臉吃飯」，完全沒有問題。

梅耶爾天生麗質，有一副俏麗迷人的面孔，因此擁有「矽谷第一美女」的封號。她曾登上億萬女性追捧的時尚雜誌《Vogue》，不僅外表時尚美麗，她的形象也寫得相當漂亮——為人十分健談親和，一改程式設計師、工程師只會埋頭苦幹，不善交流的「Nerd」形象，成為美國電視新聞節目和脫口秀節目中的常客。

但她並沒有因為前Google副總裁、雅虎CEO這些職責就忘記享受生活。她說Stuart Weitzman是她「生命中不能缺少的」東西（Stuart Weitzman是高級鞋品牌，也是美國前第一夫人蜜雪兒．歐巴馬鍾愛的品牌，也是明星紅毯秀上常見的鞋）；她開心時就在自己價值五百萬美金的豪宅、著名的四季酒店三十八層開 party；她一擲千金地在慈善拍賣會上花六萬美元換取與自己喜歡的著名設計師奧斯卡・德拉倫塔（Oscar de la Renta）共進午餐的機會；她還在住所的天花板上安裝了約四百件玻璃雕塑品，均出自著名玻璃雕塑師戴爾・奇胡利（Dale Chihuly）之手，單件均價一萬五千美元。據說這些雕塑品在運輸過程中還曾引發交通大堵塞。誰說搞 IT 的沒有「顏值」可拚？誰說 CEO 只能埋首於文件和會議中？誰說身為成功女性做人最好低調、淳樸？這些「規矩」在梅耶爾這裡統統失效。

梅耶爾並沒有因為工作繁忙就耽誤自己的終身大事。她和丈夫札克・布格（Zachary Bogue）相識於一場慈善晚會，男方是一名房地產投資經理，出身名門，從哈佛大學環境科學和公共關係學系畢業，還在喬治城大學獲得法律學位。兩人不僅智商、學歷相當，在相貌上也很匹配——梅耶爾美麗，札克高大英俊，兩人後來喜結連理。在二〇一二年《富比世》發布的全球最有權勢的十五對夫妻中，梅麗莎．梅耶爾與札克．布格上榜。「白富美」、CEO、時尚女王、幸福的妻子，這些標籤裡能有一張在世人眼中就已經足夠成功了，梅耶爾卻一張不落。

會享受生活的她自然更會享受工作，雖然在常人看來那是瘋狂，甚至是虐待自己，但梅耶爾卻樂在其中。在她的職業生涯裡有兩個傳奇的數字：四小時和十一天，她每天只需要睡四小時卻還能精力充沛地工作，著名的矽谷八卦網站「Valleywag」甚至稱她為「機器人」，一週工作一百三十小時；而十一天是她休產假的日數。

美國法定的產假只有六週，已經短得「令人髮指」了，而梅耶爾告訴我們：產假，其實還能更短。我也曾跟過「拚命三娘型」的女上司，產假只休了一個月就回來工作，休假期間手機、電子信箱保持暢通。但梅耶爾的紀錄應該很難被打破。

她曾在《紐約客》（*The New Yorker*）週刊的採訪中說道：「懷著一個生命，也要服從於工作」「生育能力、智力和雄心壯志有時候可以共存」「做一名母親能讓我更好完整地行使主管的職責，因為母親的身分會迫使我對事情分清主次」。

當時的梅耶爾剛接手雅虎CEO帥印不久，她說：「如果我接受了這份工作，顯然就不能再休那麼長的產假，得另尋他法與自己的小寶寶多相處一些時間。」於是，她自己掏錢把辦公室開闢出一個空間，讓保姆和寶寶離自己更近一些。

和同樣是從Google出身，並成為Facebook COO的雪柔．卡拉．桑德伯格不同，桑德伯格追求的是「下午五點半就下班回家去帶兩個年幼的孩子」，希望工作與家庭兼顧；而梅耶爾從未在公開場合提出過事業與家庭平衡這個想法，她做的一切都只是希望能夠騰出更多的時間去工作，所以，她並不會因為每週工作一百三十小時而對自己的家庭和孩子感到內疚。

能夠想像，與這樣的「狠角色」共事，自然是很辛苦的。一反大家對於「女上司」

更加溫柔的期待，她們不僅僅要求自己滿分，對下屬也是「鐵面做派」。曾有一名應試者因為成績單上總體經濟學這個科目得了一個C就被梅耶爾訓斥：「這看起來讓人覺得不舒服，好學生應該科科優秀。」而且她講話語速極快，非常受不了別人跟不上她的速度。梅耶爾自己也曾說過「希望工作中被優秀的人包圍」。也許有人會說她不夠「溫柔」，但她的優秀與強大，讓她擁有足夠的自由去選擇。

她在雅虎雖然以失敗告終，但四十二歲的梅耶爾一定不會就此作罷。她曾在接受媒體採訪時說過：「當妳準備走出下一步，或者準備承擔更多責任時，妳應該按照下一個更高階段的要求開始工作。」

女性拚命工作需要什麼特別的理由嗎？不需要！人美、嫁得好還需要拚命工作嗎？當然需要！讓我們堅定地說出來吧。對於像梅耶爾這樣優秀的女性來說，拚命不過是出於本能，出於慣性。她們透過工作獲得了巨大的財富、名望、地位，這是世界給她們的豐厚回報。但真正享受拚命工作的女性從來都不是首先為了這些，她們想為世界創造價值，也希望透過工作來彰顯自己的價值。

也許有一天，當我們能夠視「狼性」為平常，能夠追求在職場上「廝殺」個痛快而不把這視作另類時，男女平等的時代才算真正到來。

♀ 突破「性別天花板」，任重但道不遠

女性為了追求能夠在職場上有所作為，我們的女性前輩們可是走過了一條極為艱難的道路。

女性主義思想啟蒙於十七世紀中期。一七八五年世界上第一個女性科學研究社團（scientificsociety）在荷蘭共和國南方一個叫作米德堡（Middelburg）的城市成立。十八世紀以來，西方社會越來越多的人發現，女性在法律上受到不平等的待遇，所以，逐漸出現了女性運動。在長達兩個世紀的運動與抗衡中，婦女們在二十世紀漸漸取得了投票權。第一次世界大戰後，由女性自身發起的和平女性運動最終受到各國政府重視，女性

為自己贏得了尊重與合理權益。

除了爭取女性投票權利的道路走得頗為艱辛外，女性工作的權利也來之不易。在許多國家，因為保守勢力的反撲，特別是回報戰士的社會壓力，有些時候女人甚至要放棄戰前就已經有的工作，讓位給退伍還鄉的士兵。許多女人只能做體力工作。另一方面，由於兩次世界大戰的緣故，男性勞動力匱乏，這讓女人有機會進入被男性掌握的如軍火、機械工業等重工業行業。女人甚至有了自己的職業籃球聯盟。這展現了女人也能夠做男人的工作，更顯示了社會對她們的依賴，這種轉變鼓舞了女人們去努力爭取平等的地位。

在第二次世界大戰期間，美國鉚釘工人羅西的形象廣受歡迎，並且成為新一代職業婦女的象徵。

現代女性當然有工作自由的權利，而且很多國家、企業也會制定法律、政策保護女性的就業權利，但即便是在經濟相對發達、法律相對健全的美國，職場上還是常有性別歧視、「性別天花板」現象的存在。

據美國有線電視新聞網報導，美國婦女政策研究所調查顯示，職場性別歧視現象仍舊很嚴重，在美國，平均女性工資僅為男性的七成。如果保持當前趨勢持續增長的話，女性到二〇五九年才能獲得同酬。而且，根據住所、年齡、種族及受教育程度的差異，部分女性獲得同酬的年限可能還會更久。

而女性主管更是鳳毛麟角，增長緩慢。二〇一六年，據路透社（紐約）的一項調研報告，儘管女性占美國勞動力總數近一半，但在《財富》（*Fortune*）五百強企業董事會中，女性僅占一六．六%的席位，該比例自二〇〇五年以來幾乎沒有變化。

女性職業發展的道路從來都是任重而道遠。

女性在職場上的確有自己的「性別劣勢」存在，以下是幾個常見的原因：

問題一：情緒化

美國一項調查顯示，在女老闆手下工作的職員更容易感到焦慮不安，因為她們容易將個人情緒帶入工作中，令員工無所適從。

《哈佛商業評論》（*Harvard Business Review*）曾發表過一篇關於女性情緒化的文章：

《環球科學》刊登的一項研究顯示，女性受試者在面對會引起人某種情緒——尤其是負面情緒——的畫面時，會比男性受試者反應更加強烈，更加情緒化。研究人員透過查看她們的功能性磁振造影發現，女性受試者產生的強烈反應與大腦中控制肌肉運動區域的活躍度提升有關。也就是說，從基因學角度看，女性的確比男性情緒化。她們面對負面事件或圖片時情緒波動比男性更為強烈。

而情緒化是工作上的大敵，它使得我們效率低下、難出成果，並且難以與他人合作和溝通。

問題二：習慣性抱怨

情緒化帶來的必然後果就是抱怨多。男性更傾向於選擇將不快壓在心底，或者喝頓小酒找朋友傾訴一番，而女性習慣「張口就來」，並且把「我就是隨便說說」當成理所當然。但沒有上司、老闆喜歡抱怨，抱怨是最無用處的，但因為女性的「習以為常」，所以成了晉升的障礙。而這種事情就在我們身邊時刻發生著。我的同事小J論資歷、工作績效都不錯，但在競爭部門負責人時卻輸給了比她晚來一年的男同事小G，上司對她的評價是：能力出色，但抱怨較多，容易影響團隊士氣。

問題三：看上去不夠忠誠

想想妳自己或者妳身邊的女同事是否說過類似的話：

「如果我當年嫁了更會賺錢的丈夫，就不用這麼辛苦了，早就在家享清福了。」

「××公司可比我們這裡待遇好。」

美國社會心理學家亞伯拉罕・馬斯洛（Abraham Harold Maslow）發現，男人與女人發牢騷的形式有很大不同。男性習慣就事論事，而女性更喜歡由點及面，賭氣說出最為嚴重的結果。在辦公室中，女性說辭職、跳槽的機率比男性高得多，儘管相較於男職員而言，她們的離職率更低，卻無意中給上司造成了「她對公司缺乏忠誠，可能很快就會離開」的印象。

問題四：追求「安全第一」

相較於男性而言女職員更迷戀工作的延續性，更不喜歡改變和接受挑戰。也許是本能，也許是習慣，也許是出於家庭等各方面的衡量後做出的決定，然而，主管永遠更喜歡那些願意經歷多個職位考驗的人。

我曾與我的兩位大學同學聊過招募、升遷的問題，他們一位是沃爾瑪（WAL-MART）人力資源部的負責人，另一位是騰訊的資深人力資源經理。他們說，無論是為公司招聘新人還是從內部提拔員工晉升，除了考量工作成績和那些應該具備的職業素養外，他們最看重的就是這個人過去的經歷和性格。經歷多、有野心的人，企業會更喜歡，說明他們有衝勁、好評估且未來可塑性強。

問題五：迷戀「內鬥」

在我們的日常印象或影視作品中（例如：各種婆媳戰爭、宮鬥劇），女性看上去更喜歡內鬥、引起爭端。倫敦商學院的一項調查顯示，那些業績中上、升職欲望強烈的女職員很難跟同事有較好的關係，因為她們總擔心別人搶走自己的職位。其實即便是男性也會擔心自己位置不保、利益被瓜分，而且他們做起來會更絕對，只是他們會比女性做得更隱蔽一些。

想要在職場上贏得一席之地、獲得尊重，除了克服上述問題外，最重要的是女性自己首先要在思想上真正接受工作、熱愛工作，甚至，癡迷於工作。說得誇張點，不妨把工作視為自己的初戀去全心投入。

Facebook 首席運營官雪柔．卡拉．桑德伯格曾在《挺身而進》這本書裡對女性同胞們喊話：「我希望妳們懷著進取心，在事業裡全心投入，去掌控世界。因為世界需要妳們去改變它，全世界的女性都在指望妳們改變她們的命運。」

我們也許不需要像雪柔．卡拉．桑德伯格那樣有如此大的格局，要去「掌控世界」，

「改變全世界女性的命運」，但若能在自己的工作崗位做出成就，贏得同僚的尊重，聚沙成塔，終有一天女性在這個世界的地位會有大不同。

目前來說，女性在職場上的確處於弱勢的位置。有不少工作和崗位會因為我們的性別、年齡、技能、傳統觀念而對我們關上大門。即便進入某個行業，做到較高的職位，也總會出現性騷擾、引誘上司、職業「天花板」、不能同工同酬等一系列問題。女性要解決這些問題，在職場上贏得認可和尊重究竟該怎麼做呢？

我很慶幸自己在工作中跟隨的上司都是女性，她們的言傳身教讓我總結出了三點經驗，證明了女性在職場上完全可以大有所為。

不要把自己當「女人」看

不僅這個社會的男性，身為女性的我們對自己其實也有「刻板印象」。

我畢業後的第一份工作是在一家五百強外企做儲備幹部。在輪調的第一年我們要學會公司的各種軟體和標準作業程式，並且還要在就職後的第三個月進行考試，如果第一次沒有通過會有第二次機會，在一個月後重考，「第二次」再不過就要捲舖蓋走人，滿分一百分，及格九十分，所以壓力非常大。

當時在學其中一個軟體時，因為涉及一些數學公式運算而讓我心生恐懼。一方面，數學一直是我的弱項，我人生秉持的原則之一就是能不碰就不碰，最好「老死不相往來」；另一方面，公司一直有傳言說考核這個軟體時，女生首次透過的機率非常低。

某天工作午休時，吃過午飯，我在茶水間抽空複習，我們的RM（區域經理）進來喝咖啡，看到我在複習就隨口問了句：「複習得怎麼樣了？有沒有把握一次通過？」我如實作答：「其他還可以，就是××軟體有點擔心，誰叫我是女生，天生對數字不敏感呢。」RM放下咖啡杯，嚴肅地對我說：「在工作中永遠不要用『因為我是女的……所以……』來當妳工作不能做好的藉口。」

十年過去了，這句話我卻記憶猶新，每每在工作中遇到挫敗時，它都跳出腦海鼓勵我。也是從那個時候起，我漸漸拋開了工作上的性別意識。在職場上，性別不該成為區別。

「因為我是女的，所以這麼想很正常啊。」

「因為我是女的，所以妳來做更合適啊。」

「因為我是女的，所以情有可原吧。」

正是因為我們是女的，所以才需要更加出色。

目標導向，結果第一

當我們拆除了職場上「男女有別」這個壁壘時，接下來的職場「祕笈」就沒有性別之分了。無論是男職員還是女職員，只要妳受雇於組織或某人，妳就有責任成為有價值且價值越高越好的員工。

有句話叫「職場不相信眼淚」，我非常認同。職場何止不相信眼淚，只要是與價值、貢獻無關的淚水、汗水、苦勞、付出在職場上都不算什麼。雇主付給我們薪水，我們提供相對應的服務，各取所需。工作的本質首先是賺取利潤、等價交換，反而現在提倡的「快樂工作」這類偽職場哲學我才覺得奇怪，職場又不是「風月場」，沒有對人「賣笑」、討人歡心的義務。

身為一名專業的職場人，只要在位一天就要把完成計畫、實現目標、創造價值、提供貢獻放在第一位，目標導向、結果第一是無可爭辯的評估職場人優秀與否的標準。這條標準絕無性別之分。

在這一點上，我上一份工作的主管可謂做到了極致。團隊目標幾乎完成，但是差一點她也不會放過，放棄休假約見客戶，一天拜訪了十個人。我還記得她對負責約談客戶的祕書說：「我的時間從早上八點到晚上十點都可以排，午飯留出二十分鐘就夠了。」最終，年度目標超額三〇％完成。

再貪心一些

這是我從李一諾身上學到的。

李一諾，清華大學本科畢業，後來在全球排名第十五位的加州大學洛杉磯分校攻讀生物學博士。工作後她的職業軌跡也非常漂亮：麥肯錫前合夥人，現在的比爾和梅琳達・蓋茨基金會北京代表處首席代表。

不僅個人事業成功，一諾還有個非常幸福的家庭，在生育了三個孩子後，還依舊保持著馬甲線。她的「二寶」和「三寶」是她分別在升任麥肯錫副董和合夥人時懷的。當時的她，挺著大肚子到處飛，生完後還親自陪伴寶寶一年多。這些過往說起來不過三言兩語、輕描淡寫，但只有經歷過一手家庭、一手職場的女性才知道過程有多艱難。更何況，李一諾每天的排程也許有常人的三倍之多。

她曾說過，女人還是要「貪心一點」的好。

「要貪心一點，就是別覺得『想要』是一件壞事。只要不妨礙別人，對自己要求『貪心』一點是件大好事。我又想要孩子，又想要工作，還想要有情趣的生活，那就定這個目標，然後想辦法實現。如果自己都不『貪心』地想，那妳想要的生活也不可能從天上掉下來。」

一諾曾經想學油畫，想學鋼琴，但又要工作又要陪孩子，家裡還有老人，看上去怎麼都不可能實現。但最後她還是在三十六、七歲時學會了鋼琴和油畫。晚上十點以後才有空，那就把老師請到家裡來教畫畫；學鋼琴夜深人靜怕吵到家人，那就買電子鋼琴插著耳機練習。

對工作有抱負的女性，如果想要升職、賺很多錢、「殺」進高層，那就讓我們先把夢做起來，然後一步步去實現，不要讓結婚生子成為自己職場生涯終結的「藉口」。

像愛初戀那樣去愛工作，用一顆純粹的心，全情投入，這是我們女同胞們在職場獲得地位的開始。

♀ 當主管，男人也許更多，但女人必須更強

LinkedIn曾做過一項調查：七四％初級或中級職位的女性都希望追求更高的職位，例如：CEO。但在一男一女兩位候選人的經歷、資質都完全相同的情況下，男性被錄用的機率要大於女性。即便是被錄用後，女性往往要付出更多，才能升到高職位。那些最終成為中高層的女上司們，不僅出色，而且一定有自己的能力。

我曾跟過幾位女性主管，也曾和其他公司的女性高層打過交道，她們給我最大的感受就是特別敢於「下狠手」——對下屬，也對自己。

例如，我大學實習的那家公司是一家在香港上市的大公司，員工超過三百人，組織結構複雜，員工之間除了同部門或跨部門合作的同事，大家幾乎不認識彼此。但公司上

下幾乎沒人不知道我所在部門的主管Lin（林），我實習了六個月，沒見她笑過一次，名副其實的「高冷風」。

Lin最經典的「事蹟」是有位懷孕八個月的下屬某天身體不舒服想請假檢查，Lin的第一反應不是擔心（畢竟是孕婦啊）或關心，而是拋出一句：「怎麼那麼嬌貴？女人誰沒懷孕這一關要過啊。」

儘管最後批了假，但「狠辣」的名聲算是傳開了。

據說Lin當年生孩子時，羊水破的前一秒還在開會，突然破水後一邊往醫院送一邊還在車上開視訊會議，半年的產假休了一個月就回來工作。剛回來上班第一天下屬小莊在茶水間碰到她問她生產過程是不是很疼？是否順利？Lin脫口而出：「還挺順利的，就是有點大出血，在ICU待了一晚上。」下一句就是：「妳跟進的關於X公司的專案書我看過了，早上已經寫了修改意見發到妳的電子信箱了。」

小莊嚇壞了，那個專案書是她昨晚熬夜完成發給 Lin 的，有四、五十頁，而現在才上午八點半，Lin 開工的第一天，居然就收到了回覆。

除了像 Lin 這種「狠辣」派的主管，我還跟過一款「以柔克剛」派的女上司。

雪麗曾與我一起共事過兩年，是我的直屬上司。她有非常典型的江南女子的脾性，溫婉、柔情，卻非常有韌性。

例如，一般的主管在下屬沒有完成任務時，他們的作法多半是把下屬訓斥一通，或者直接就讓他捲鋪蓋走人，雪麗卻會什麼都不說，只是自己默默把這項任務執行一遍，然後用超出滿分的結果展示給妳，讓妳知道妳認為不可能完成的任務其實是能做到的。

當時我們團隊來了一個新員工，工作了三個月就經常喊累，說工作安排不合理，目標制定有問題。雪麗聽後也沒多說什麼，讓這位員工抽出三天時間，什麼都不做，只跟著她，看她怎麼工作、超額完成目標。三天後，那個員工再也沒喊過苦累了，在雪麗的指導下，用了一年的時間就獲得了「年度優秀員工」的稱號。

別的團隊主管建議雪麗不如早點把這種怕吃苦、怕累的員工炒掉，何必還帶在身邊悉心指導浪費自己精力，她說：「當初是我招她進來的，我看好她，有問題也應該是我先從自己身上找原因，而不是完全不給下屬機會。」

可能很多人會覺得遇到像雪麗這樣的上司很幸運，而如果跟了Lin這種「女魔頭」簡直倒楣。其實，無論是雪麗還是Lin，儘管領導風格迥異，但她們的工作態度和完成目標的堅韌決心是完全一致的，最終取得的工作成就同樣顯著。不過領導風格的確對團隊有巨大影響，到底哪一種女性領導風格才是最好的呢？

新加坡國立大學李光耀公共政策學院與亞洲協會聯合發布的《上升到頂端：亞太地區女性領導力調查報告》中指出：「女性力量正在崛起。在過去的三十年裡，其他任何領域都沒有像女性領導力一樣發展得如此之快。」像Lin和雪麗這樣的女性中高層主管已經在世界的不同舞台上展示出自己，形成「她」領導。

但因為在大多數領域中，高層還是以男性為主，所以早期的社會和研究會建議女性主管模仿男性主管的行為和風格去展示領導力。對此，瑞士洛桑國際管理發展學院（IMD）的教授圖格（Ginka Toegel）曾在接受《哈佛商業評論》採訪時指出，「這個策略並不聰明」。她說：「許多女性領導人發展出兼顧男性與女性行為的領導風格。一方面，她們展現得非常自信、有決斷力，能夠掌控局勢，並且強勢；另一方面，她們保有女性特質，展現溫暖、友善、關懷與支持。因為她們如果不能同時展現這兩方面的行為，幾乎不可能被職場接受。」

圖格舉了一些很好的「兼顧」的例子。

德國總理安格拉．梅克爾（Angela Merkel）行事果決自信，但管理直屬下屬時，許多人說她和藹可親。她在德國收容難民政策上展現的態度，也符合社會對女性領導人展現母性關懷的期待；百事可樂前CEO德拉．努伊（Indra Nooyi）是強勢的談判者，無人質疑她的商業直覺與決策能力，但是，她也會對直屬下屬展現母親般的形象，例如，送他們小禮物或生日蛋糕。

這種「兼顧」的方式看上去像是提高了要求，實際是能讓女性領導人保有女性特質，保持真我，避免內在衝突。因為無論多好的模仿，女性永遠也不可能變成男性。

身為女性主管，風格可以是多變的，因地制宜、因人而異的，只要在這多變中不丟失「真我」才是最重要的。

當然，希望女性同胞們對待工作全情投入不意味著宣導大家不要生活，不要愛情，不要家庭，而是不妨在工作上更豁出去一些，更對自己嚴格要求一些，更有野心一些。《財富》五百強（Fortune Global 500）企業金寶湯公司（Campbell Soup）的ＣＥＯ丹妮絲・莫里森（Denise Morrison），曾被《財富》雜誌譽為二十一世紀最有權力的女性。在攀上食品行業頂峰的同時，她還將兩個女兒撫養成人。她曾在接受《財富》雜誌採訪時說：「我相信快樂的源泉來自成就和自尊。抱負是女性氣質的一部分。所以，妳可以雄心勃勃，同時也可以很女人，兩者可以兼得。」

這才是「狠」女人應該有的「氣質」！

♀沒有核心競爭力，妳憑什麼說自己比別人強

我們每個人從內到外多少都有缺點和短處。生在這個社會，我們不斷被教育要進步、得體、精緻，所以看到自己的缺點和短處時，稍有上進心的女性都會拚命修正自己的缺點，希望更加接近優秀、完美。

我也不例外。當我發現自己的邏輯不是那麼嚴謹時，我會去MOOC等線上課程網站學習有關邏輯的相關課程，希望自己的邏輯更加「嚴絲合縫」一些；當我發現自己又胖了一公斤時，就會在最短的時間內奔向健身房、游泳池，讓自己的體重回歸正常。

這麼做合情合理，對嗎？

的確如此。我們需要糾正自己的缺點和短處，但比之更重要的是，我們需要讓自己

的長處更「長」。

我們都聽過「木桶理論」，即一個水桶能盛多少水，並不取決於最長的那塊木板，而是取決於最短的那塊木板，這也可以稱為「短板效應」。這個理論經常被用在企業組織、管理和團隊中。這個經典的木桶理論能流傳多年是因為我們認可短板會限制自己的職業發展，所以補齊它當然很重要。

但今夕不同於往日，科技與經濟的發展早已改變了我們的工作和生活模式。過去在傳統行業中，個人的職業相對獨立，性質也較為穩定，所從事的職業往往五年十年都不會有太大變動，在這種環境下，補齊在當前職位上的短板，是必要的行為。另一方面，在資訊不發達的年代，尋求他人幫助的時間成本較高，為了節省效率，人人都要盡可能做到凡事「一肩挑」。

在這個時代，我們的短板、缺點、不擅長的事情幾乎都可以透過現代技術或與他人合作來解決。如果妳有很多的點子，但是沒有人脈，也不擅長與人打交道，還不會技術，沒關係，只要妳的點子夠棒，對行業的見解夠獨到，就可以透過社交網路吸引到有人脈的和有技術的人來幫妳，共同合作實現妳的點子。

台灣大學外文系學士、史丹佛大學工商管理碩士、著名台灣作家王文華在文學、主持、創業、行銷等多個領域都有很大建樹。他曾在採訪中說：「我做的事，沒有一件事沒把握的。」

所以，現在努力糾正自己的缺點和短處是一件c/p較低的事。我們要做的是控制自己的缺點，然後無限放大自己的優勢和擅長之事，如此，才能發揮最大的個人價值，也才能讓別人忽略妳的短板，只注意妳的優勢。來到美國後，我喜歡上了一檔脫口秀節目《艾倫秀》（The Ellen DeGeneres Show），主持人艾倫・李・狄珍妮（Ellen DeGeneres）的幽默和機智給我留下了很深的印象，所以我開始從她的訪談、報導和她寫的很多本書裡瞭解她的人生，我想知道為什麼她能那麼成功。

- 她主演的電視劇《These Friends of Mine》，從一九九四年一直播到一九九八年，高居收視榜榜首。
- 她是歷史上唯一一位主持過奧斯卡獎、格萊美獎和艾美獎的主持人。
- 她在二〇一〇富比世全球一百名人榜中，超過布萊德．彼特、貝克漢等明星，位列第二十三位。
- 她於二〇一六年獲得美國前總統歐巴馬頒發的總統自由勳章（此獎與國會金質獎章並列為美國最高的平民榮譽獎，曾經的獲獎人有史蒂芬．霍金、麥克．喬丹、比爾．蓋茨等）。
- 而她最為知名的脫口秀節目《艾倫秀》從二〇〇三年首播至二〇一八年已獲得

三十三座艾美獎。

在演藝圈這個一切都轉瞬即逝的名利場，為什麼艾倫能屹立不倒？本以為她今日的成功來源於得體的家庭、良好的教育，事實卻相去甚遠。

我想問妳們一個問題：如果一個女孩經歷過父母離異、繼父性騷擾、輟學，並且在四十年前大家對同性戀還持保守甚至歧視態度時，當著上百萬的觀眾承認自己是同性戀，這樣的她的人生結局會怎樣？

我們可能會想像出很多答案。例如，這樣叛逆的人也許會成為罪犯，成為社會底層人士，或者幸運些，沒留下太多心理創傷過上了普通人的生活。無論答案是什麼，我們很難把經歷過這些悲慘事件的人與非常成功的主持人畫上等號。

而艾倫就做到了，那些痛苦的經歷也是她的。

上天就這麼走了幾十年，似乎和艾倫開了一個悲喜交加的玩笑，從看上去很容易走上「問題少年」的軌跡發端，到如今美國屹立不倒的常青樹主持人，上天最終沒有虧待這位幽默、坦蕩、敢於做自己的女性，而這些正是她的長處。

艾倫出生於美國一個中產階級家庭。在美國，一個典型的中產之家通常是這樣的：父親賺錢養家；母親操持家務；一般有二至四個孩子和一兩條狗；兒女們順利進入大學，畢業後找一份穩定的工作，各自組建家庭過自己的生活。

艾倫本應該是這眾多「正常人」中的一位，但在她十三歲那年父母離婚了，艾倫跟隨患有重度憂鬱症的母親一起生活。幾年後母親再婚，沒想到遇人不淑，碰上了一個喜歡對女兒性騷擾的丈夫。最過分的一次是，當時艾倫的母親患了乳腺癌，繼父竟告訴艾倫要透過摸她的胸部來確認母親是不是新增加了囊腫。

年幼的艾倫只能把這些告訴母親，沒想到換來的卻是母親對自己的不信任。

初中畢業後就輟學的艾倫搬離了那個恐怖的家，開始自謀生路。服務生、酒保、吸塵器銷售員……她做過的工作不下幾十種。在二十八歲時，艾倫的工作總算上了正軌，她因為在約翰．威廉．卡森（John William Carson）的脫口秀節目《今夜秀》（The Tonight Show）裡表演了一段《撥電話給上帝》（Phone Call to God）的節目而成為該單元的常駐嘉賓。這裡簡單介紹一下約翰．威廉．卡森這個人和《今夜秀》這個節目。已故的卡森絕對是當時美國脫口秀界的王中王，他主持的深夜脫口秀《今夜秀》巔峰時期每晚有一千萬以上觀眾收看，上過這個節目的名人有約翰．藍儂、披頭四、拳王阿里、尼克森總統等，數不勝數。

《今夜秀》一九五四年開播，至今仍在播出，節目詼諧、幽默、針砭時弊，而艾倫表演的《撥電話給上帝》這個節目背後其實還有一段辛酸的往事：

艾倫在十九歲時與一個女孩相遇、相愛，開始交往。戀愛中的情侶爭吵是常有的事，但在爭吵後另一半遭遇車禍天人永隔的事卻不常有，不幸的艾倫遇上了這件事。當時的她工作不穩定，蝸居在潮濕髒亂廉價的地下室，又痛失愛人，絕望的艾倫真是求助無門，只想打電話或寫信問問上帝，為什麼這一切的悲劇都被她撞上了？自己的未來究竟在哪裡？最後，這段經歷被編成《撥電話給上帝》這個節目，在當時最當紅的脫口秀上播出。

此時，艾倫已經二十八歲，人生總算有這麼一件好事發生。

可能有人會把艾倫的成功歸結為運氣，畢竟經歷了那麼多波折還能取得這般巨大的成就，沒有一些勢與運是不可能的。也許吧，世上不幸的人有千千萬，但不是人人都能成為巨星，每一種成功背後都需要運氣的支撐，但若說她只憑運氣確實不夠公平。

每一位成功、優秀的人都「有一手」，否則運氣來了也抓不住，而艾倫的這一手就是幽默。

未成名時的她就經常靠幽默逗樂患有深度憂鬱症的母親，幽默的力量一直在她心裡。在一次訪談中，艾倫曾說過電視公司製作的她的節目《艾倫秀》一開始很難售賣，跑了很多地方推廣都被拒絕，專業人士認為人們不會喜歡這種節目的。但播出後，這檔節目出人意外地深受觀眾喜愛，之後播出了近十五年。

《艾倫秀》來過很多明星、當紅人士甚至總統，無論嘉賓是何身分，艾倫總能把幽默運用得妥帖、自如。美國前總統歐巴馬做客《艾倫秀》時，在節目裡與艾倫一起熱舞，投入得不得了，完全難以想像這是坐鎮白宮、對世界產生重大影響的一位人物。而曾經的第一夫人蜜雪兒也不止一次做客《艾倫秀》，在節目裡這位曾經的第一夫人被艾倫「巧妙地說服」一起比賽做伏地挺身，一起熱舞，還一起逛超市，幽默調皮的艾倫不僅在一旁用搔癢的「老招」干擾蜜雪兒購物，最後索性跳進了蜜雪兒的購物車「搭順風車」。在採訪功夫巨星成龍時，艾倫貼心又幽默地說：「我不想你把全身的骨頭都搞壞了，所以歌手是更安全的職業。」「慫恿」成龍轉行去做歌手。

艾倫並沒有把她的幽默天分只作為大眾的娛樂和消遣，作為最當紅的日間節目《艾倫秀》的靈魂人物，她也會邀請「特殊」嘉賓上節目來談論一些敏感問題，例如：女權、LGBT（英文女同性戀者、男同性戀者、雙性戀者、跨性別者的首字母縮寫）權利問題等，讓普通大眾對一些少數群體加深瞭解，從而營造一個更加平等和尊重的環境。

如果說艾倫的成功一半來自幽默，另一半絕對就是保持真我、做自己了。「做自己」三個字說來簡單、容易，但在這個時代人人都想變得EQ更高，更會說話，更有魅力……總之，人人都想升級自己卻總在升級的過程中丟失了原汁原味的自己。

而艾倫的「做自己」是來真的。

一九九七年時艾倫已獲得兩次艾美獎提名，是當紅的明星了，但她卻在自己主演的電視劇裡當著全美國上百萬觀眾的面公開性向。這一舉動使她丟掉了所有的工作，三年來沒有一通工作邀請電話。三十歲職業邁入正軌，四十歲成名，卻在正當紅時把自己的「弱點」公之於眾，一夕間名利化為烏有。

也許有人會覺得艾倫是不是犯傻了！即便，在二十年前即便是在開放的美國，對同性戀的態度也是曖昧的。更何況是名人，公開自己的性取向，很有可能被「千夫所指」。即便是現在，公眾人物想要公開自己是同性戀也會慎重再慎重、謹慎再謹慎，因為真的輸不起。艾倫做出這個選擇的理由很簡單，也很真實，她曾在節目裡說：「公開『出櫃』的時候很害怕，我真的不想讓大家知道，只是自己覺得還是要真實面對。」

上天總是不會辜負問心無愧的人，艾倫熬完了最灰暗的三年，事業逐漸重上正軌，幾年後紅到現在的《艾倫秀》問世了。

事業豐收，愛情也沒落下。二〇〇八年五月，已經五十歲的艾倫在自己的節目裡宣布訂婚的消息，同年八月十七日與相戀了八年的女友結婚了。

艾倫曾在美國知名大學杜蘭大學的畢業典禮上致辭，講過這樣一段話：「對我來說，生命中最重要的事就是活得誠實！別逼自己去做不真實的妳，要活得正直，有憐憫之心，在某些方面有貢獻。」

對一些女性來說，演藝圈或許是一個需要人脈、背景、美色的地方，這些資源艾倫都沒有，甚至算是她的短板，但正是憑藉自己獨特的才華——幽默、真實，她也取得了今天的成就。現在，沒有人會再討論她沒有女人味、身材不夠好、是個同性戀這些所謂的「短板」，大家只會記得她有多忠於自我，多真實可愛。

曾經有一位知名的經濟學教授引用了兩個經濟原則對為什麼我們需要加強自己的優勢、做擅長的事做了貼切的比喻：

第一，比較利益。最大限度地發揮自己的優勢，做擅長的事才能勝任，才是對自己最有利的。

第二，機會成本。做自己擅長的事意味著妳放棄了其他一些選擇，這形成了機會成本，所以會促使自己更加全力以赴。

所以，我們女性同胞不妨去試著忽略、看淡自己的短處，不要再試圖成為他人、社會眼中「完美的女性」。我們要做的是認真找出自己的優勢和擅長之事，然後拚命讓它更大、更強，直到足以讓他人忽視妳的短處。

♀高EQ，讓妳在這世界上如履平地

我曾提到，我們也許不需要費勁糾正自己的缺點和短處，但還是可以試著去控制，而在我們諸多缺點裡，最難去控制，也是最有價值去控制的，就是我們的情緒。

我們身上的「短板」也許有很多，但我們幾乎都可以試著從另一個角度去看待它們。例如，我們也許沒有模特兒的身材，但我們可以「阿Q」一點，告訴自己這個身高剛好和自己的娃娃臉很搭，可以顯得比實際年齡年輕不少；再例如，我們也許比較愛講話，顯得不夠沉著穩重，但我們可以告訴自己，講話速度快就說明我們腦子反應夠快。但唯有一項短板我們找不到理由「粉飾」它，那就是情緒的不穩定導致的「低EQ行為」。

說一個我自己的例子。在我上一份工作中，我的團隊招進來一位新人。在第一次參加每週的團隊例會時，她因為講話講到第三句時還沒有說到工作重點，我的急性子瞬間爆發了，直接說了句：「不要浪費大家時間，直接告訴我們，妳本週的工作內容、工作成果、工作困難是什麼。」那副板著臉、語氣冰冷的樣子嚇到了新同事。

我知道情緒不穩定會導致無數弊端，它會讓我喪失理智，工作效率更低，團隊合作變差，溝通無效，傷害與家人和朋友的感情。更重要的是，在別人看來，大家很容易把情緒穩定程度與可靠程度畫上等號，顯然地，情緒不穩定的人在大多數人看來是不太可靠的。

很多次，在我十萬火急、發完一頓脾氣後都後悔得要命，然後暗下決心一定要有所改變。但下一次還是「情不得已」。

這個世界有一個普遍看法，那就是女性的情緒穩定性比男性差。得出這個結論確實也有一定的科學依據。科學研究顯示，情緒穩定性具有一定的跨文化一致性，與性別的差異也有一定的相關性。也就是說，各個文化背景下的人們，情緒不穩定性也許都與性別存在著一定的關聯。一九八〇年代，人格研究者們在人格描述模式上達成了共識，據此提出了核心人格理論的五因素模式，被稱為「五大性格特質」（Big Five personality traits）。一九九五年對於早期大五模型的原分析研究報告了女性具有更差的情緒穩定性。對不同年齡段的性別差異研究和三十六個國家的跨文化研究中，同樣驗證了女性具有更差的情緒穩定性。而使用「五大性格特質」進行跨文化研究時，發現女性在情緒不穩定性、宜人性、對情感的開放性上得分較高，男性在堅定性、對想法的開放性方面得分較高。

而神經學也對這一結論更加確定。

來自巴塞爾大學（University of Basel）分子和認知生物學跨學院研究平台的研究組首先經過四組預測試篩選出三千三百九十八名受試人員，接著透過實驗，研究人員證明了女性在應對會引起人某種情緒——尤其是負面情緒——的圖片時，會比男性受試人員反應更加強烈，更加情緒化。然而在中性情緒圖片的測試中，受試人員的反應卻沒有性別差異。在隨後的一項記憶測試中，女性受試人員會輕鬆地比男性回憶起更多的圖片。在回憶正面情緒的圖片時，女性相對於男性的優勢非常明顯。該研究的首席作者 Klara Spalek 博士解釋說：「這個結果將會印證一個普遍的觀點，即女性比男性更情緒化。」

所以，如果妳和我一樣，也認為自己的情緒不夠穩定，此時可以原諒自己一下，畢竟這個短板是「性別原罪」。但我們不能讓這個「性別原罪」拖垮我們，畢竟下一次發飆、大哭時，我們不能指望、也不希望對方因為我們是女性而遷就、原諒、理解我們。

拯救我們，還得靠我們自己。

現在市面上有不少教授情緒管理的書籍，提供的方法五花八門。無論哪一種方法，最重要的是使用方便、易於堅持。在此，我想介紹兩種我經常使用的情緒管理方法給大家，希望能有一些幫助。

方法一：即刻深呼吸

看美劇時，老外們動輒在情緒失控時就會說「deep breath」（深呼吸），其實這招真的非常奏效。只是，通常我會把這一步稍微提前一點。不要等到即將奔潰、失控時才深呼吸，因為我很怕自己還沒做就先爆發了，而當我察覺已經開始有負面情緒、怒火時就趕緊做深呼吸，通常我會連做三下，然後確認自己的情緒是否有所緩和。

方法二：我會喜歡我嗎？

如果還沒有完全喪失理智，我會逼迫自己回答一個問題：「現在我這副樣子，我會喜歡自己嗎？」這裡，第一個我不是「我」，而是跳出「我」的另一個人，來審視「我」。

我會把另一個「我」想成是父母、愛人、孩子，然後試著從他們的角度去看待快要爆發的自己：如果我是「我」的父母，會想要這樣的「孩子」嗎？如果「我」是我的丈夫，會依然愛現在這個暴躁的伴侶嗎？如果「我」是我的孩子，會希望自己有這樣一個情緒不穩定的母親嗎？

拿身邊的親人去做自己的鏡子，這面鏡子對臉部氣到即將扭曲變形的自己真的很有舒緩作用。

看看那些在各個領域取得巨大成就的女性——無論是作家、戲劇家、翻譯家楊絳先生，惠普CEO梅格．惠特曼（Meg Whitman），還是被英國《BBC音樂雜誌》（*BBC Music Magazine*）評選出的全球最傑出的十一位女指揮家之一的張弦，無一不以冷靜、克己而著稱。懂得控制情緒的女人看上去是壓抑了自己，但背後顯示的是強大的克制與理性，這樣的女人更容易把握自己的人生，無往而不利。

♀ 閱讀，讓妳的靈魂充滿香氣

我身邊活出「高級感」的女性，無論是在事業上取得成就還是把家庭生活經營得活色生香的人，無一不熱愛閱讀。她們有的是行業先驅公司的主管，有的在海外《財富》五十強公司任職，有的是文青，有的是全職主婦，無論她們的行業、職位、身分多麼不同，愛書是她們的共通性。

沒有任何一個時代像我們身處的這個時代如此鼓勵大家閱讀、學習。台灣知名主持人、作家蔡康永曾說過，他對於大家把自己稱呼為「讀書人」這件事非常不解，因為在他看來，讀書就和吃飯、呼吸一樣，是生活的必需。沒有人被稱為「呼吸人」、「吃飯人」，所以「讀書人」也不應該是什麼特別的標籤。

的確，那些生活豐盈、自我篤定、內心充實的人，都把讀書視作一種如呼吸一般的習慣。

我的一位朋友現在和丈夫定居巴黎，閒聊時我問她，法國的女人是世界公認的優雅，果真如此嗎？朋友說，法國女人的優雅是真實的，但她們的優雅並非來自於姿態、香水、衣著和妝容，而是她們的談吐。朋友說，每個法國女人都是書評家、影評家，她們談論美容，談論烘焙，也談論政治，談論經濟局勢。和她們在一起妳會覺得特別有趣、豐富，而這有趣、豐富的背後與她們大量的閱讀有很大關係。

所以，讓法國女人變優雅的不是香奈兒，不是歐萊雅，這些只是表象，骨子裡的書香氣才是她們迷人味道的來源。

朋友說，在法國隨處可見女人讀書的身影，咖啡館、餐廳、公車、地鐵站、飛機……電子通信改變了時代，然而，法國女人愛讀書的傳統依然沒有改變。法國民意機構曾做過一個調查，顯示法國平均每人每年讀書約十二本，從幾歲到幾十歲，人人都在閱讀，而法國女人世襲傳承般的優雅，也不無嗜好閱讀的原因。她們把生活讀成詩，讀成散文，讀成小說，而閱讀本身也讓她們越變越美。

以色列是世界上最愛讀書的國家之一，雖然該國圖書的價格非常昂貴，但以色列人對購買圖書卻十分慷慨。這個八百多萬人口的國家，是世界人均擁有圖書最多的國家，持有借書證的就有一百多萬人。正因為如此，這個人口稀少、建國時間只有七十餘年的國家至今已經擁有了十二位諾貝爾獎得主。而以「民風彪悍」著稱的俄羅斯也有「最愛閱讀國家」的美譽。一億四千萬俄羅斯人的私人藏書多達二百億冊，平均每個家庭藏書近三百冊。即便如此，俄羅斯政府仍痛感國民閱讀量下降。二〇一二年俄羅斯政府在全國範圍內採取緊急措施，制定《民族閱讀大綱》，用法律手段保證閱讀數量的快速增長。

有人說「書是女人最好的化妝品」「是女人永恆的『顏值』」，這番話難免有誇大閱讀功效之嫌，畢竟那麼多科學家研究抗衰老，那麼多化妝品公司以此為生，但的確，讀書與不讀書的女人舉手投足、接人待物、言談舉止全然不同。

楊絳先生就是憑藉自己的才華在眾多清華女學生裡脫穎而出，征服了當時校園裡赫赫有名的大才子錢鍾書先生的。初到清華，楊絳的容貌並不算佼佼者，而且當時女同學們受西方先進文明影響，打扮得都很洋氣，相形之下，楊絳不免顯得樸素。但沒過多久，楊絳便以驚人的才氣使大家刮目相看。據稱，當年「楊絳才貌冠群芳，男生求為偶者七十多人，謔者戲稱楊為『七十二煞』」。

當然，讀書不僅讓人談吐不俗、有吸引力，更能夠讓女性在這個世界裡明事理、辨是非，帶著強大的頭腦在這個世界成就自己、成全他人。

劉瑜是我很喜歡的一位女作家，是清華大學人文社會科學學院政治學系副教授、哥倫比亞大學政治學博士。我對政治學向來沒有什麼天賦，也不太願意去碰觸這類書籍，總覺得它們很「硬」，很生澀，但劉瑜的作品深入淺出，讓我這樣一個政治學門外漢不僅能夠看得進去，還能讀得津津有味：《民主的細節：美國當代政治觀察隨筆》、《送你一顆子彈》、《觀念的水位》這幾本書裡關於政治、體制的內容講得有趣、易懂，這背後反映的是作者龐大的閱讀量，其中舉出的書籍數目之多令人咋舌。而作者在書裡寫了自己在哥大、哈佛、劍橋讀書和工作時的一些生活經歷，也激起了我對國外校園生活的嚮往之心。

還有研究中國古典詩詞的大師葉嘉瑩先生，一九九〇年獲授「加拿大皇家學會院士」，成為該學會自成立以來唯一的中國古典文學院士，現已九十五歲高齡，在八十多歲時還著書、講課，傳播中國古典文化。我來美國時帶的為數不多的幾本書裡就有她的一本《人間詞話七講》，在飛行的十五個小時裡，我一口氣讀完了這本書。其中，葉先生對經典的敏銳洞察，對東西方批評理論的融會貫通，植根於深厚底蘊的獨到見解讓我非常震撼。全書旁徵博引卻深入淺出，功力可見一斑。

妳看，愛讀書的女人，總是潤物細無聲地影響著他人，讓人們檢驗自我、愛上一門學科，或者想要去探尋更遠、更大的世界。

我不敢妄稱自己是個會讀書的人，但我對這世上的任何一本書都充滿敬意。尤其是我自己也開始成為專欄撰稿人、職業作家後，一年時間裡林林總總寫了三十萬字，讓我更加明白每一個字背後都凝聚著作者的努力、付出與期待。

讀書是我工作的一部分，也追求效率高、效果好，所以我會特別留意好的閱讀方法。從堪稱閱讀方法的「聖經」書籍《如何閱讀一本書》到這幾年很流行的一些讀書方法，例如：奧野宣之的「筆記讀書法」、美國科羅拉多大學物理系研究員萬維鋼的「強力研讀法」都是讓喜愛閱讀的人受益頗多的一些方法。除此之外，我還非常喜歡往回看，從「大家」身上學習他們的閱讀方法。我總結了自己非常喜歡的四位文學大師的閱讀方法，學會其中一項都能讓人受益匪淺。

魯迅的讀書方法

大文豪魯迅先生的讀書心得總結下來有十點：

一是泛覽。他提倡博采眾家，取其所長，主張在消閒的時候，要「隨便翻翻」，要「多翻」。他認為這種方法可以防止受某些壞書的欺騙，還有開闊視野、拓寬思路、增長知識等好處。

二是硬看。對較難懂的必讀書，硬著頭皮讀下去，直到讀懂、鑽透為止。

三是專精。以「泛覽」為基礎，選擇自己喜愛的一門或幾門，深入地研究下去。

四是活讀。魯迅主張讀書要獨立思考，注意觀察並重視實踐。他說：「專讀書也有弊病，所以必須和社會接觸，使所讀的書活起來。」他還主張用「自己的眼睛去讀世間這一部活書」。

五是參讀。多參讀作者傳記、專集，以便瞭解其所處的時代和地位，由此深化對作品的理解。

六是設問。就是拿到一本書，先大體瞭解一下書的內容，然後合上書，可一邊散步，一邊給自己提一些問題，自問自答：書上寫什麼？怎樣寫的？為什麼這樣寫？要是自己，這個題目又該怎麼寫？魯迅認為帶著這些問題去細讀全書，效果會更好些。

七是跳讀。讀書遇到難點，當然應該經過鑽研弄懂它。但魯迅認為「若是碰到疑問而只看到那個地方，那無論看到多久都不會懂。所以跳過去，再向前進，於是連以前的地方也明白了」。

八是背書。魯迅製作了一張小巧精美的書簽，上面寫著「讀書三到，心到、眼到、口到」十個工工整整的小楷字。他把書簽夾到書裡，每讀一遍就蓋住書簽上的一個字，讀了幾遍後，就默誦一會兒，等把書箋上的十個字蓋完，也就把全書背出來了。

九是剪報。魯迅十分重視運用「剪報」這一方法來累積資料。他的剪報冊貼得很整齊，分類也很嚴格，每頁上都有他簡要的親筆批註。魯迅曾利用這些剪報寫了不少犀利的雜文。魯迅曾說過：「無論什麼事，如果陸續收集資料，積之十年，總可成一學者。」

十是重讀。這是指讀過的書，隔些日子再重讀書中標記的重點，花的時間不多，卻有新的收穫。

胡適的讀書方法

胡適認為讀書有兩個要素：第一要精，第二要博。

所謂「精」：就是眼到、口到、心到、手到。

眼到，說的是每個字要認得，不可隨便放過。讀中國書時每個字的一筆一畫都不放過，讀外國書要把A、B、C、D等字母弄得清清楚楚。眼到對於讀書的關係很大，一時眼不到，貽害很大，並且眼到能養成好習慣，養成不苟且的人格。

口到是一句一句要唸出來。胡適雖不提倡背書，但認為有幾類的書仍舊有熟讀的必要，例如：心愛的詩歌、精采的文章。唸書的功用能使我們格外明瞭每一句的構造和句中各部分的關係。

心到是閱讀時思考每章每句每字意義如何，何以如是。所以，需要多查字典、詞典。總之，讀書要會疑，忽略過去，不會有問題，便沒有進益。

手到就是讀書必須還得自己動手，才有所得。要多查詞典、資料、做讀書筆記。讀書筆記又可分四類：抄錄備忘，作提要、節要，自己記錄心得，參考諸書。

所謂「博」，就是什麼書都要讀。「博」有兩個意思：

第一，為預備參考資料，不可不博。

我的理解就是雜讀，然後觸類旁通。例如胡適提到，「妳想讀佛家唯識宗的書嗎？最好多讀點倫理學、心理學、比較宗教學、變態心理學。」

第二，為做人。

胡適認為：「為學要如金字塔，要能廣大要能高。」

毛姆的讀書方法

關於讀書，毛姆最突出的觀點之一，就是閱讀的目的應該是從讀書中得到持久的樂趣。

他反對功利化地讀書，但強調讀書要有「教益」，寫得枯燥無味的書和有樂趣但內容無聊的書，都不適合閱讀。還有些書有趣又有益，但其中的有些章節煩冗枯燥，可以採用「跳讀法」，將那些無趣的章節一目十行地略過。

正因為強調「跳讀法」的好處，所以和很多文學大家不同，毛姆並不主張完全按照原樣閱讀所有經典。

閱讀是毛姆每天都要做的事情。從自己的讀書經驗出發，毛姆提出，在一段時間內同時讀五、六本書比唯讀一本書更合理，因為「即使在一天之內也不見得會對一本書具有同樣的熱情」。每天早晨，在開始一天的工作前，毛姆總要讀一會兒書，而且大多數時候讀和哲學或者科學相關的書，因為這類書籍需要集中精神來讀。一天的工作完成後，毛姆往往讀歷史、散文、評論與傳記，晚上則讀小說。

對於「床頭書」的選擇，毛姆說在床頭放一本「可以隨時取看，也能在任何段落停止，心情一點兒不受影響的書」。

列夫．托爾斯泰的讀書方法

第一，善於總結和回顧自己的讀書經歷，並加以歸納。

一八九一年，六十多歲的托爾斯泰曾在給一位友人的一封信中開了一份書單，題為「對我產生了印象的書籍」。在這份書單中他把過去各個年齡階段所閱讀的書籍分成「印象深」、「印象很深」、「印象極深」這樣三個層次。

第二，讀文學作品，一定要注意作者的性格。

他在一八五三年的日記中寫道：「讀書，尤其讀純文學的書，要把主要的注意力放在該作品中所表現的作者的性格上。」既關心文學作品中的人物性格，更關注「文學作品中所表現的作者的性格」。

第三，托爾斯泰喜歡朗讀文學作品，並在誦讀中感受或評判一篇文學作品的好壞。

托爾斯泰在休息、閒暇或與友人聊天的時候，經常會動情地朗讀起他所喜歡的一些文學作品，並經常因朗讀而感動地掉下眼淚。有時候，他在朗讀之後，還會加以評說。

另外，他在閱讀書籍之外，還經常喜歡與人談論、交流思想和讀書心得。

本章參考書籍：

魯迅：《魯迅全集》
胡適：《怎樣讀書》
威廉．薩默塞特．毛姆：《毛姆讀書隨筆》
列夫．托爾斯泰：《對我產生了印象的書籍》

Part 3
關於愛情

越「狠」的女人，在愛情裡越迷人

♀ 最怕女人在愛情裡，活成寵物的模樣

先講兩個故事吧。

我身邊的一位女性，已經快要六十歲了。這位可以說算是同齡人中的「人生贏家」了，五官本來就長得不錯，後天又勤於保養，所以，看起來像四十出頭的樣子。她的事業也算小有成就，在一九九〇年代初期人人還吃著大鍋飯、端著鐵飯碗的時代，她果敢地把工作辭了，經商、創業，辛苦十幾年，讓自己的家庭很早就走入了小康的狀態。按照現在流行的詞來說，她屬於「女強人」型的女人，而她也有一個幸福的家庭、美滿的婚姻。她和她的丈夫應該是我見過的他們那個年代的夫妻中最「甜蜜蜜」、最愛「曬恩愛」的人了。

只要他倆出門，無論是逛街還是只是走走逛逛，一定手牽手，這個習慣至今沒有改變。都說愛情中，兩個人相處久了，拉對方的手就像摸自己的左右手，但即便如此，他們也從未放開過對方的手；還有，加起來一百多歲的兩個人，對彼此的稱謂也是甜蜜無比，男方叫了女方三十多年的「寶貝」，女方叫了男方三十多年的「成哥哥」，而且三十幾年來，出門、進門先吻一下的習慣一直都還在。

總有人問這位女士，妳這麼年輕，怎麼保養的啊？她的答案幾十年如一日：「我有一個疼我愛我的好丈夫，這是女人維持年輕最好的保養品。」

這對總是對我「甜蜜暴擊」的夫妻就是我的爸媽。

第二個故事也是關於一位女性的。

這個女人年輕時因為出眾的姿色嫁到了豪門，先後為大家族添了三位男丁。但光鮮靚麗的背後卻是各種束縛，和朋友外出要提前報備，出席宴會戴首飾要去婆婆那裡領還要登記，用完後不能忘記歸還。最讓她難以忍受的是丈夫的出軌背叛。所以，在結婚二十七年後她選擇了離開豪門，和丈夫離婚。此時的她已經四十七歲，按「男人四十一枝花，女人四十豆腐渣」的標準來說，她此時連豆腐渣都算不上，但依然放棄了外人都羨慕的富太太生活。就在眾人猜測她將孤獨終老的時候，五十歲的她接受了身價四十七億的富商的追求，再次嫁入了豪門。

這個人就是霍啟剛的親媽媽，也是香港首位雙料港姐朱玲玲。

之所以要講這個故事，是因為它很完整地代表了我理解的「狠」女人對待愛情的方式。愛情、婚姻是很多女性的需求彈性較小的一環，對「狠」女人來說也不例外。雖然她們醉心於工作，執著於自我成長，但愛情亦是她們的必需品。只是，與很多情到濃時不顧一切，緣分盡時就淪為怨婦，感嘆著「不再相信愛情」的普通女子不同，「狠」女人的愛情始終多了一份理性在其中。

愛到深處，我大方發糖；愛不在時，我亦懂得停損，不畏破碎。

之前有個讀者問我，妳在美國也待了一段時間了，美國的女性真的像美劇裡演的那麼獨立嗎？

是的，她們真的那樣獨立。不是演出來的，而是活生生地實踐著那些我們也許會認為「不可思議」的獨立。初來美國，最讓我震撼的有兩點：

第一，這個以富裕著稱的國家大部分人都過得很樸素、節儉。人們喜歡逛二手店，不用的東西會放在家門口給需要用的人；開會剩下的咖啡、食物也會放在大廳注明「請分享」；很多美國人穿衣樸素得一年四季都穿T恤、牛仔褲。

第二，美國的很多女人獨立到讓自己活成了男人。

一人帶三個孩子已經是家常便飯了。我見過這裡的女性自己在路邊用千斤頂換輪胎，自己修家裡的屋頂，夏天開著修理草坪的車子整理門前的草地，冬天扛著鐵鏟一下一下地清理乾淨自家門前的雪堆。

但最重要的不是這些外在的獨立，而是她們在兩性關係中對另一半的依賴、寄託遠少於華人女性。與我相談的眾多美國朋友都表示，美國的夫妻也會吵架，女性更在乎的是這件事到底誰對誰錯。如果是男方的錯，他有沒有道歉？而我身邊不少華人女性朋友告訴我，她們更在乎另一半有沒有第一時間照顧自己的情緒、哄自己。至於是非對錯，可以排在情緒之後再解決。而在一段關係裡，美國的女性會認為兩個人的愛應該是平等的，而我們更喜歡追求的是妳愛我多一些，還是我愛妳多一些。

我的好友最近就經常和我抱怨丈夫沒有以前愛她了。她說：「以前我發小脾氣，丈夫都會哄我、向我認錯，但現在越來越沒耐心了，我生氣他也不在第一時間哄我，分明就是對我厭煩了。」很多女性，包括我自己在內，都會對另一半抱有這樣的想法：我是女人啊，你一個男人為什麼和我計較；我是你老婆啊，你當然得讓著我、寵著我。

我們都希望自己有一個「二十四孝」丈夫：能賺錢，願意給妳花，無條件忍讓妳，妳生氣了第一時間哄妳、妳不開心了拋下一切安慰妳，能讀懂妳的眼神、猜中妳的心思、說妳想聽的話……總之就是一年三百六十五天、全年十二個月、一週七天、每天二十四小時全方位、無死角地哄妳、寵妳、愛妳。就像對待寵物一樣去無條件地以妳為中心，呵護妳。

只是如果女性總是抱著這種意識來演繹自己在愛情、婚姻裡的角色，註定是痛苦的。我們對另一半有了過高甚至不合理的預設，當這種預設沒有實現時，只會徒增自己的痛苦和對婚姻的失望。為什麼我們要靠他人來治癒自己呢？為什麼我們不能嘗試著用自己的理性和自制來對待自己，讓自己感到舒服？

女性的獨立不僅表現在經濟上，精神上、情緒上、寄託上的獨立也非常重要。在我看來，需要仰仗另一半來調節自己喜怒哀樂的老婆，和需要在經濟上依靠丈夫生活下去的老婆是一樣的，都是自我能力的缺失。

寵物和人的區別在於：前者要靠主人餵牠、逗牠，牠才會搖搖尾巴，高興或沮喪；而人——無論男女——有能力為自己的一切負責。所以，女人千萬不要讓自己活成寵物的模樣，在別人的情緒裡討自己的喜怒哀樂，包括自己的另一半。

♀ 成熟的愛情，是不再計較這兩個問題

在美國我認識了比爾夫婦，一對結婚四十五年的夫妻。熟識後，比爾的妻子瑞吉兒和我講述了他們「離經叛道」的愛情故事。

當年，瑞吉兒是大人口中的「問題少女」：未成年就抽菸、喝酒，經常曠課，還幫要好的女同學出頭打架。高中讀了四年好不容易畢業，眼看上大學是沒什麼機會了，就去唸了護校，畢業後的她成了一名護士。比爾就是她照顧的病人之一，他因為參加大學橄欖球比賽骨折住了院。

比爾是那種典型的明星學生，就讀於明星大學，不僅成績好，還是橄欖球校隊的隊長。美國非常看重體育精神，如果一個學生在校有一項體育特長，會像明星一樣受到全

校學生的崇拜。比爾就是被崇拜的對象之一。

優秀的比爾喜歡上了叛逆的瑞吉兒，他也說不清是什麼原因，總之「就是被她身上的獨特氣質所吸引，那是我周圍的人未曾有過的」。比爾的父母當然極力反對這段戀情，一開始以為他只是隨便談談戀愛，膩了就分手了，沒想到有一天比爾鄭重其事地對自己的父母說，他要娶瑞吉兒為妻。

最終，比爾以和家庭決裂、斷絕父子關係為代價換來了與瑞吉兒的婚禮。婚禮當天只有瑞吉兒的單親母親和母親一方的家人參加。人們都說，得不到父母祝福的婚姻不會太幸福，比爾和瑞吉兒的婚姻確實走得也不順利。第一個孩子夭折，因為缺錢，比爾放棄了讀到一半的碩士，又趕上經濟形勢不好而失業，期間瑞吉兒還一度染上了酗酒的惡習，所幸最終改掉了。

比爾出生於標準的美國中產家庭，父親是工程師，母親是小學老師。如果沒有遇到瑞吉兒，他原本預計的人生應該是讀完經濟碩士，去華爾街進入自己喜愛的金融領域，賺很多錢，娶個學歷和家境相當的女孩組建家庭、結婚生子。

因為愛上了瑞吉兒，他的一生都改變了。最終他們定居在瑞吉兒家鄉的小城鎮裡，生了三個孩子，瑞吉兒繼續做著護士，而比爾成為大學裡一名圖書管理員。四十五年來，他們的婚姻雖然遇到過紅燈，但最終都挺過來了，現在生活得安逸、幸福。

只是，我這個聽故事的人依然心有疑慮，比爾放棄原本看上去前程似錦的未來，換來今天這一切，他真的甘心嗎？會不會也偶爾反問自己：「這一切值得嗎？」

比爾聽完我的疑問哈哈大笑，說，何止「偶爾」，但問值得與否這樣的問題很愚蠢，尤其是已經做過後。重要的是如何讓自己以後不要再問「值不值得」。

沒錯，當我們已經開始問自己「值不值得」這個問題時，就已經知道答案是「不值得」了，否則何出此問。但誠如比爾所說，重要的是如何在未來的人生裡消滅這個問題。

在男女關係中我們很關心的兩個關鍵字是「公平」與「自我」。

我們沒法確保為對方支付了百分之百的真心就能收到同等的回報。妳為他不辭辛苦深夜熬粥，頂著嚴寒遮風擋雨，未必就能換取他愛妳更多一些、深一些，很可能就在此時此刻，他享用著妳周到的關懷，卻還心猿意馬。

同樣地，我們提醒自己，不要在深陷愛情的同時也讓靈魂迷失了自我。因為到處都在宣稱：高品質愛情應該是能夠愉悅地做自己。只是我們難免還是會陷入掙扎：他不喜歡我的朋友，那麼為了維持這段感情，我到底要不要和朋友絕交？他在意我的身形，我是不是該辦張健身卡好好揮汗如雨？

如果妳不幸成為付出多的那一方，成為因對方而選擇放棄一部分自己的那一個，無疑妳就是眾人眼中愛情裡的人生輸家。誰叫妳不是被關愛更多的那一個，沒能讓愛情成全一個更豐盈的自己？

而事實是，世界上很多事情都可以用資料去量化、評測。例如，一份薯條炸多久、撒幾克鹽就是一份九十分的薯條；一場測驗達到多少分就能被好學校錄取。唯獨人心與感情難被定義和量化。

不能說因為甲給了乙一百分的愛，乙愛甲只有六十分時就是不公平的。首先，這個評分系統也許只是人們一廂情願製造出來的，當妳用「付出」、「成長」、「溫柔」當成衡量標準時，對方的注意力可能是在「妳究竟有沒有讓我怦然心動」、「是不是D罩杯和大長腿」上。評測內容都不一致，要求比分對等，是不是有失公正？

另外，就算妳們二人商議後對測量標準達成共識，但每個人的感受又是無法同化的。這就好比妳花了一天的時間為對方親手烘焙了一個蛋糕，而對方可能壓根就不愛吃甜點。妳讓他給妳五星好評，既是跟自己過不去，也是讓對方為難。

很多人覺得自己愛虧了，付出許多也溫不熱一顆心，陪伴數載換不回一句溫柔，做不到「忘不掉」又無法「放得下」，只能在二者間愁腸百轉，一會兒不甘，一會兒釋懷。就像我身邊有朋友總是和我一邊絮叨「怎麼找了個這樣的男人」，一邊又急匆匆地趕著下班回去為他做飯。

其實，無論妳們的愛情天秤傾向誰，這場關係都是公平的。看上去妳付出了更多，但妳的滿足感同樣也比他多。妳愛他，所以願意為他洗手做羹湯，看他細嚼慢嚥的樣子，難道妳臉上的笑容不會綻放得更大些嗎？看上去妳為他愛屋及烏、隱忍不少，但妳也會時不時因為這樣的付出，而站在道德和情感的制高點上俯視他吧。

所以，真的不需要楚楚可憐地展露悲傷，無比認真地去計算感情上的得失。好的壞的、痛的樂的最終都不言自明地會分攤在兩個人身上，愛情是跳脫守恆定律之外的一個公式，最終會用它自己的方式畫上等號。

好吧，就算我不計較公平不公平，但我真有必要因為一場愛情束縛自己嗎？難道投身愛情和做自己二者就不能好好地平衡嗎？

我想了想，發現還真的挺難的。

因為愛情從來都不夠純粹，感情是愛發生的主角，責任、道德、倫理、世俗是一場愛情裡的眾多配角，它們會讓人感到不自在，甚至為難。但即便如此，妳見過哪出劇碼主角不顧不理配角的嗎？配角存在的意義既是襯托，也是約束。

妳不能只要天長地久，卻對在這緩慢過程中發生的生老病死視而不見；妳不能只要濃情蜜意，卻漠不關心為這精神愉悅提供養分的柴米油鹽；妳不能只守護他一人，卻對他的三親六故置若罔聞。

長久的愛情必然會迎頭遭遇束縛，沒有無束縛的情感。

當妳還在糾結著到底有沒有必要因為一段感情放低身段、改變自己時，不妨問問自己，到底愛他有多深，期待這份感情維持多久。

當然，「放低身段」、「改變自己」並非讓妳伏低做小、喪失自我，而是妳要掌握好在一段感情裡妥協與堅持的平衡。

不要因為過去從沒做過這件事，而現在為他做了就將此視為沉重的付出，也不要因為未遂妳心意就感受到巨大的委屈從而開始懷疑這段感情的分量，更不要隨便接受、刻意迎合那些「好的愛情」的標準。為了彰顯自我而刻意去做的各種抵觸，通常假以時日都會讓妳後悔。妳要做的是訂好原則和底線並讓對方知曉，然後以它們為界限後，不再存疑地與另一半一起去過好每一天。

總要有一些邊界和框架去圈住妳們的愛情，看上去是束縛，實則是畫地為牢、占山為王，因為愛情會打上對方的印記，彼此享有歸屬權。

仔細想想，愛情裡有很多關於選擇和放棄的陷阱，的確只有勇者才敢縱身一躍。

♀愛得多深，都別忘了「及時停損」

停損，是一個投資術語，指當某一投資出現的虧損達到預定限額時，及時斬倉出局，以免造成更大的虧損。其目的就在於投資失誤時把損失限定在較小的範圍內。透過停損投資者可以把損失控制在一定的範圍之內，同時又能夠最大限度地獲取成功的報酬，換言之，如果停損及時，以較小代價博取較大利益就有了更高的可能性。

我們經常能聽到「愛情就是一次投資，一場賭博」這個說法，從這個角度來看，愛情也會有需要及時停損的時候。

L是我丈夫管管的學姐，她男友M是我在現實世界裡見過的最難「伺候」的伴侶。

例如，L還在讀研究所時，每個月補助不高，好不容易省吃儉用小半年給M買了手機，M的反應不是感動，而是：「怎麼不是蘋果的？」再例如，L平時在實驗室工作，無暇陪伴男友，週末好不容易休息想補償一下他，於是買菜、下廚，忙了三、四個小時做了一桌子他愛吃的菜，M非但沒有感動，還挑剔地抱怨：「蝦不夠新鮮，香菇菜心太鹹了……」

每一次他們二人爭吵，我們都以為L應該會受不了M要分手了。大家覺得L實在是愛得辛苦，何必「吊死在一棵歪脖樹上」？但L總是用一句「五年的感情了，這一路走來不容易」就原諒了他。於是大家覺得L傻得可以。其實L不是看不清現狀，她只是不懂或不願及時停損罷了。其實在及時停損這件事上，我們多多少少都會犯傻。

例如，妳被一檔股票深度套牢，明知它行情一般、公司業績不好，但就是下不去手割肉，幻想著有一天奇跡會出現，能夠起死回生；例如，妳讀了一個不喜歡的科系，動輒就想撕掉教科書，但就是不敢重新選擇，總覺得父母挑的不會害自己，且身邊那些不喜歡自己科系的朋友們也是同樣將就著；再例如，妳明知自己的老闆只會販賣「雞湯」和情懷，無非就是想讓妳義務加班，而且公司也沒有更好的平台和資源讓妳成長、晉升，但妳就是習慣了這個窩，不想挪動，半推半就地混下去。

我們都是智商正常的人，為什麼有時明知腳下是「坑」但就是不願爬上來，甚至還不死心往更深處跳呢？因為：

付出越多，容忍也就越多，人性使然

小時候我家鄰居有一兒一女，女兒特別乖巧懂事，學習成績一直年級前三，父母卻很少誇獎一句。而兒子就像萬千寵愛集於一身卻扶不起的阿斗，只要他想要的東西父母拚了命也要滿足；他爸媽為了讓他成才也是煞費苦心，成績不好就找各種家教、名師補習；今天來興趣學黑管，一節課幾百元都給他報名，明天又做起了足球明星的夢，父母就到處求人想辦法把他送到省少年足球隊。

後來，爭氣的女兒一路名校、名企，在大城市立足紮根；而兒子高中沒考上，父母托關係花了好幾萬元，唸了個大專，還宴請親戚們慶賀。他們常說的一句話就是：「我兒子多乖巧啊，不像那××家的小孩不學無術。」

在他們看來，因為對兒子付出了很多心血，只要不調皮搗蛋就是滿分，就能容忍；女兒多優秀都和他們無關，因為自己壓根沒花多餘的心思在她身上。

沉沒成本的投入會讓人抱有不切實際的期待

也許結婚後他就會懂事了、安穩了，更愛我了吧；也許國家出了某個政策、來個利多，我這檔股票就能翻盤了吧；也許我是更擅長實踐的人，工作後把理論用起來就能發現這個科系的美妙之處了吧；也許老闆有天轉性了，公司就會更好吧。

別騙自己了！

他從一開始就對妳挑挑揀揀，憑什麼結婚後就能視妳如珍寶呢？結婚後他只會覺得自己更虧了吧。妳看，人家的女友那麼漂亮，身材那麼好，家裡那麼有錢！股票再有利多又怎麼樣，說不定那就是個「空殼」公司，大股東們合起夥兒來圈「菜籃族」的錢，妳什麼時候能夠回本、賺錢？妳連理論基礎都沒心思學，實踐應用憑什麼能過關？憑什麼能讓自己從工作中獲得成就感而懂得欣賞這個專業的美好？還有，有些老闆轉性的機率比妳心血來潮想要去做變性手術的機率還要低，妳真要拿自己的前途賭一把嗎？

如此說來，我們既賭不過人性，也鬥不過自己，面對深坑豈不是只能坐以待斃？

嗯，「淪陷」下去是結局之一，雖然它不是唯一的、最好的解決辦法，但確實能讓妳不必為抗爭自我而糾結。當然，妳也可以選擇後者，拚上老命讓自己從坑裡爬出來。要做的第一步就是停止自欺欺人與自我麻醉。

我們總要用成年人的、正常人的思維和態度去對自己的未來負責。找信任的朋友、親密的家人、有過類似經歷的人聊聊，然後，自己冷靜下來去面對現實的殘局。如果現實總是無法讓妳清醒，那就讓身邊的那些「毒舌」、諍友們好好用言語搧妳幾個耳光，清醒起來。

第二步，儘快找到新目標。

即使生活不易，也不會吝嗇到只給我們一個選項。世上總有懂事的女生；總有不能讓妳暴富但守著一顆不貪的心，也能賺點小錢的股票；總有不那麼讓妳討厭、可以接受的專業和領域；總有利字當頭，但還是能為下屬多想一點的老闆。鑽牛角尖，非要在一棵樹上吊死的要嘛是真傻，要嘛就是懦夫。

及時停損，其實不只是挽救，更是給自己多一次選擇的機會。陽關道遠強於死胡同，哪怕迎接妳的不是一條寬敞的大道，而是獨木橋，也比沒路走要好。

♀ 愛情不只是發糖，破碎也很正常

最近讓我頗為感慨的一件事是，認識了三十年的發小告訴我，她離婚了。

她和前夫相識於初中，相戀於高中，經歷了大學四年異地戀的考驗，各自又在不同城市工作兩年，挨過了雙方父母的挑剔後，終於實實在在地走到一起、修成正果。當中多少艱辛足夠寫成《愛情坎坷史》這樣一部巨幅作品，但結婚五年後還是離了。

說來搞笑，離婚的原因都是一些微不足道的小事，例如：

發小不滿丈夫亂丟髒衣服、不主動洗內褲、抽完菸不刷牙、早上總是要叫好多次才肯起來、因為不吃蔥所以出去吃飯時，有蔥的菜都不能點，而她最喜歡吃的菜恰好是蔥爆牛肉。先生對發小的埋怨也不少。例如，做錯事從來不會主動認錯道歉，約好了看電影、吃飯的時間卻總要遲到。房間裡到處都是她的頭髮，喜歡用不同的杯子喝東西，但用完不收拾，化妝後紙巾和化妝棉放在梳妝檯上不肯丟掉等等。

誰能想到當初信誓旦旦、排除萬難才爭取來的愛情，到手後居然如此脆弱。一段感情，從堅如磐石到薄如蟬翼，擊敗它的緣由居然可以如此滑稽、細碎？

「是不愛了嗎？」我問發小。她說，也是，也不是。

像兩個陌生人那樣只有冷漠，沒有一點感情是不可能的，即便吵得天崩地裂，但感情依然有溫度。發小告訴我，從戶政事務所出來時，倆人抱在一起不自覺地都哭了。這種感覺很微妙，我們也許還愛彼此，但很難為對方去真正改變什麼。每一次改變的同時也都承載了委屈和不滿，久而久之，這種情緒就變成了雞零狗碎的炮彈，處處襲擊彼此的生活。越是微小、不起眼的衝突越可怕，因為沒人會想到它們是致命的。沒錯，它們的確不會一招致命，但就像某種慢性疾病一樣，時間長了它們會把妳的感情啃噬得千瘡百孔。有朝一日妳突然發現，面前最親密的這個人，只能存在於曾經，現在的他與妳，天天相處，卻讓彼此覺得陌生。

就像那首歌唱的一樣：

為何後來我們用沉默取代依賴
……只怪我們愛得那麼洶湧愛得那麼深
於是夢醒了擱淺了沉默了揮手了卻回不了神
……我們變成世上最熟悉的陌生人。

我聽過好多人說這樣的話：「我們總是為一些雞毛蒜皮的小事吵架，覺得很幼稚，因為到最後連真正為什麼吵都忘記了。」包括我自己也是一樣，總覺得「雞毛蒜皮」不足掛齒，它們能有多大殺傷力呢？

但在現實生活中，一份需要去經歷像電視劇裡演的那般坎坷的感情其實並不多——世界上哪有那麼多絲毫沒有道理可講的惡婆婆、愛上自己丈夫無可自拔的年輕小三、對自己癡情不改的初戀、在愛情和家庭中抉擇的豪門恩怨……好多愛情，不是敗給了坎坷，而是輸給了平庸。當我們過上了被影印機影印出來的沒有變化的生活，當我們的愛人從心中的男神與女神變為男人和女人，以前的心有靈犀變成了現在的叨叨絮絮，從曾經做什麼都自帶光芒到現在做什麼都十分礙眼，過去留戀的浪漫、溫柔和刺激都被柴米油鹽醃製得變了味，直到激情變成了不滿，甜蜜變成了委屈。

這就是愛情的進化史。起初當然會很美好，但妳無法阻止時間暴露它的瑕疵，不是一點點，而是許多許多。

可我們不能因為愛情有瑕疵就完全放棄去愛。畢竟，愛是「天賦人權」，所以，當妳正在遭遇一份目前令自己覺得「燙手」的愛情時——例如，逐漸增多的厭倦和挑剔，覺得身邊這個人和自己想像中變得不太一樣了，對對方的耐心正在減少，任何細如微塵的小事都能吵上一天並且總覺得錯在對方，一言以蔽之，就是看對方做什麼都不順眼，但又不想或不甘心結束這段感情，我的建議是：

永遠不要停止溝通，尤其在小事上

曾幾何時，每次當我和我先生發生爭吵最後吵到筋疲力盡時，我都喜歡說一句話：「算了，不吵了，為這麼點小事吵，不划算。」直到某一天，他對我說：「如果總有小事能引起我們爭吵，我們就該找到原因去消滅它，不要讓它再影響我們的感情。」

除非妳是真的想「算了」，否則那種帶著疲憊、煩躁的「算了」會充滿自己察覺不到的委屈和憤恨，一直生長、潛伏，直到某一天，再也無法「算了」。

這與包容無關，不是女方為了「賢良」之名忍著男方，或者男方自認「大度」讓著女方就能平息衝突。衝突的消失是靠解決而非壓抑去消失的。任何事物都有臨界點，人也一樣，無論是哪一方一味退讓、隱忍，或者假裝大度，最後的結局都是兩敗俱傷、覆水難收。

這有點像報紙上那些驚世駭俗的犯罪案例。某個老實人一直都很友善，突然有一天變成了施暴者或殺人犯，原因並非他生性邪惡，而是因為他過去不敢去面對某些矛盾和衝突，導致最終壓抑的感情爆發，衝動之下走向了另一個極端。而選擇去愛就像選擇一場戰鬥，這場戰鬥沒有那種恢宏到可以載入史冊的名目，只是一個又一個瑣碎的問題引發的衝突；要避免那個衝突，我們要做的就不能是無視和逃避這些瑣碎的問題，而是要拿出勇氣和耐心去直接面對它們。

一份長久的，讓人不遺憾、不抱怨的愛情，雙方一定都是鬥士，他們不是與對方戰鬥，而是彼此並肩，與感情中產生的一個個問題戰鬥。

要接受自己的愛情有可能會失敗這件事

我們都很容易接受別人的愛情變成悲劇這件事，這年頭誰的身邊沒幾個經歷分手、離婚，鬧得昏天黑地、哭到肝腸寸斷的人？

美劇《摩登家庭》（Modern Family）裡有一集，演的是父母結婚紀念日那天，三個孩子為了給父母慶祝，大清早端著做好的早飯走進父母臥室的場景。孩子們本想給父母一個驚喜，沒想到父母正準備寬衣解帶，正面撞見，子女們這下覺得世界觀被毀了，而父母也覺得他們給孩子的心靈造成了巨大傷害，一方難受，一方難過。後來三個孩子一起相互安慰，大姐說，也許這沒什麼，父母還能做這些事，總比他們離婚好，我身邊有一半同學的父母都離婚了。

天底下沒有人會預想自己感情失敗這件事，我們習慣了憧憬幸福。但也許我們應該把投射在別人愛情上的目光收回來。我們要接受的是，自己的感情可能並不牢靠，也許有一天，妳的愛情也會支離破碎，成為別人眼中的悲劇。

這不是說我們應該唱衰自己的愛情，而是無常常有，愛情也不是博物館裡保存完好的名畫，能夠被保護得一塵不染、歷久彌新。相反地，愛情更像是木乃伊，無論妳使用多少藥水、纏裹多緊，早晚都會呈現出妳不願看到的那一面。如果無法適應並從中發現新的趣味，悲劇在所難免。

我們喜歡童話裡王子與公主的結局，喜歡羅密歐與茱麗葉的至死不渝，喜歡梁山伯與祝英台化蝶的美好傳說，但我們不確定王子與公主生活在一起後是否會永遠幸福，羅密歐和茱麗葉投胎下一世相遇是否還會這般長情，梁山伯與祝英台化蝶後其中一方會不會「愛上別枝花」。

接受破碎，但不要讓自己一直破碎下去

妳遇到過一兩次渣男，不代表妳就成了「渣男收割機」；妳的婚姻失敗過一次，不代表妳就不會再擁有美滿的家庭。不放棄自己的人，總能發現生活留給她的奇遇、贈予她的機會，我們要做的就是發現並抓住它們，而不是讓自己在過去的不幸裡沉淪下去。

比起感情的破碎，更可怕的事情，就是不願修補自己那顆支離破碎的心。

我在前面提到的發小，離婚後用了一年的時間來恢復自己。她從一開始的暴飲暴食到每晚失眠痛哭，到後來直接懷疑自己的價值，斷絕與外界往來。但經歷了半年的心理治療後，最後她選擇旅行三個月，回來後逐漸走上工作和生活的正軌。這一路她走得頗為不易，但總算咬牙挺過來了。現在的她把大部分精力放在工作和插花學習上，閒暇之餘相親、會友，在尋找愛情的道路上積極行走。我們在深夜聊天談心時她曾說過：「現在想起那段失敗的感情還是會心痛，被愛傷過一次是真的很疼，但不妨礙我繼續追求它。」

當然，我說的「不要讓自己一直破碎下去」，並非意味著修補好自己，讓自己重獲完整只有再次投身愛情這一種方式。更重要的是，妳能找到一個讓自己振作、充滿希望、熱愛生活的管道，它可以是妳培養自己新的興趣愛好，把更多的時間留給家人和朋友，去做一直想做但未能做的事，成為一個「工作狂」……總之，就是要讓自己繼續精采地生活下去。

對於很多女人來說，愛情是她們的「罩門」，而那些「狠」女人更懂得這些道理：

· 愛情就是得常懷希望，但也要有所準備。

· 妳愛了某個人一生也不妨礙妳最後轉身，而妳最初愛的那個人，當他無法成為妳最終愛的那個人時，並不銷毀曾經妳愛他用盡全力這個事實。

· 破碎不可怕，重要的是能修補好自己的心，重新上路。

Part 4

關於友情

當心友情的糖衣炮彈：妳的朋友可能易碎且危險

♀ 情緒是女人之間友誼的致命傷

美國史丹佛大學在《神經精神藥理學》期刊上發布的一項研究顯示：男性之間的深厚友誼有助於緩解壓力，對身體健康大有裨益，產生的效果可與戀愛關係帶來的益處相媲美。研究人員稱，男性之間親密的友誼促使大腦分泌更多催產素。催產素是一種垂體神經激素，當人體催產素含量上升時，會隨之釋放出大量能夠緩解壓力的激素，並且有助於人們克服社交恐懼，增強自信。有趣的是，人們在戀愛時也會出現催產素水準上升這種現象，友情與愛情的功效在這裡看來頗為相似。

該研究專案的負責人伊莉莎白．柯比博士表示：對於男性來講，擁有這樣的友誼的確是一件好事情。從朋友那裡獲取幫助並不是軟弱，相反地，友誼讓妳在面對壓力時能夠擁有良好的心態，有利身體健康。

讓我好奇的是，這項研究裡為什麼沒有提到女性之間的友誼有什麼「功效」？是尚未研究清楚，還是對女性來說，友誼在我們的世界裡本就是一件複雜的、不太有實際效用，甚至有些危險的情感？

在女性的世界裡，友情似乎一直都不是主角。我們總是飛蛾撲火般地撞向愛情，或者努力成為父母貼心的小棉襖，至於友情，總是讓我們一言難盡。

我們多少都曾聽聞，甚至親歷這樣的故事：

當年一起牽手上廁所、互換衣服穿、講述自己藏在內心最深處祕密的小閨密，因為搬家、轉學等原因分開了，開始還互相寫信、發資訊問候，後來，不知是哪一方先疏於聯絡，然後這份感情便銷聲匿跡。後來某次同學聚會上見了面，預想中的促膝長談變成了相互比較、暗自較勁：是我更美還是她看起來更年輕？是我丈夫更優秀還是她丈夫賺得更多？

我也曾質疑有這樣的比較算是真友誼嗎？問了朋友、同學、同事後，她們給我的回覆是：愛她是真的，比較也是真的，希望她過得很好但不要比我好，至少不比我好太多。

大家願意把這歸結為女人天生愛嫉妒，愛比較。

但事實真的如此嗎？雖然詩人艾青說過：「嫉妒是心靈上的腫瘤。」但現代心理已經證實嫉妒只是一種再普通不過的心理狀態，而且這種嫉妒心其實是不分性別的。

加州大學聖地牙哥分校心理學教授克里斯丁．哈里斯在經過一系列實驗後指出，嫉妒不分男女，但略有差別：男性容易因事業發展差異觸發嫉妒；女性則更在意外表差異。克里斯丁．哈里斯還說，嫉妒更容易產生於同性之間，例如，女性嫉妒男性較高的社會地位和收入的情況就很少發生。

其實，男人的嫉妒心一點都不比女人弱，女性之所以常常被誤以為愛嫉妒，是因為她們比起男性，對外界的資訊有更為敏感的分析與感知能力，也更喜歡表達自己的情緒。

正是這種喜歡把情緒放到檯面上來的習慣，使得女人之間的友誼，看上去不那麼深厚和純粹。

♀思維方式的牆，讓友誼難長久

女性之間的友誼最大的問題在於難長久。這種「難長久」有兩個方面：第一，容易鬧翻；第二，感情容易逐漸變淡。

女性之間鮮有長久的友誼是因為女性用感性思維考慮問題。男人之間有了爭吵，往往藉酒說開了甚至打一架，第二天就會和好，這個「和好」是真正的「和好如初」。而女人則是即使沒有表面的矛盾也會暗中較勁到老，兩個女生有個小矛盾，哪怕六、七十歲再見面也會記恨。這種差異的原因，就是男人注重結果而女人更注重感受。男性往往會去尋求爭吵背後的原因並想辦法解決，而許多女性更想要得到情感上的釋放，到最後只會記住對這個人討厭的感覺，這是女性和男性思維方式不同決定的。

除了與男性的思維方式不同外，影響女性友誼的因素還有很多。

男性在交友中往往只在乎「人」，例如：「這個人怎麼樣？」「是不是合得來，能不能真心交？」而決定女性友誼的條件就複雜得多，從有沒有一起把手上廁所，戀愛、婚姻的參與度，到朋友穿同樣的衣服是否比自己好看，都能成為女性友誼的衡量標準和矛盾的爆發點。網路上有個概括女性之間友誼的總結，說得挺貼切，成年女性的友誼大體是這兩種：小姐丫鬟式和勢均力敵式。前者看上去就不像是平等的朋友，反而有主僕味道；而後者，看上去是平等了，但一個「敵」字讓這份情誼充滿了較量。

在開始專職寫作後，我收到過許多封讀者朋友寫給我的郵件和私訊，主題皆可概括為「被閨密搶了另一半」。其中一封來信讓我印象深刻：

瓜瓜和最要好的朋友苗花從中學開始就是好友，當年大學考試瓜瓜為了能和苗花在一個城市、一所大學就讀，降低了十分報考志願，終於如願以償。雖然兩人不是一個科系，但除了上課，吃飯、自習、參加社團活動都在一起，一度讓同學們以為倆人正在交往。後來瓜瓜戀愛了，苗花自動遠離，失戀時，苗花第一時間來到瓜瓜身邊陪著她流淚、罵人、絕食、旅遊。兩人去西藏旅遊時遭遇了車禍，車子撞到了山邊翻了。幸運的是兩人沒受重傷，都只是皮外傷而已，但瓜瓜永遠記得翻車的一瞬間苗花第一時間護住她的頭的舉動。這次旅行的遭遇讓瓜瓜走出失戀的陰影，也更加確信苗花是過命交情，值得託付一輩子。

後來瓜瓜找到了自己的真愛，苗花也有了男友，瓜瓜的戀情發展得很順利，戀愛不到一年就和男友談婚論嫁，卻在結婚的前一週得知苗花和自己的未婚夫發生過關係。事情起因於苗花與「三觀」不合的男友分手，心裡難受的她跑去酒吧喝酒，酒後不能開車，所以她找瓜瓜接她，但瓜瓜接到臨時出差的通知，就讓男友幫忙接一下苗花。

背叛與出軌就發生在那一晚。失戀讓苗花脆弱，而酒精讓她喪失了理智。苗花本想把這件事一輩子埋在心底，她真的不想勾引瓜瓜的未婚夫，但想到這個男人如此經受不住誘惑，又覺得有責任把這一切告訴瓜瓜。說與不說都受到道德和良心的拷問，苗花也知道一旦捅破，她和瓜瓜近二十年的感情就徹底完了。

最後，苗花還是把一切告訴了瓜瓜。瓜瓜來信說，當時她整個人就像死了一樣，最好的（好到用命保護她）朋友和最愛的人同時背叛了自己，那種感覺真是生不如死。

苗花給瓜瓜寫了一封道歉信後就搬到了別的城市生活，而瓜瓜也和未婚夫解除了婚約。瓜瓜說：「這件事過去兩年了，心仍然在痛，現在這座城市只剩下我自己，覺得無比孤獨。」

曾經，我一直以為這種事情只會發生在小說或影視作品中，沒想到現實裡也不在少數。當年形影不離、知道自己最多祕密的人，卻成為傷害自己最深的人。

這也許就是女性友誼的危險之處：我們愛一個人（無論是愛人還是朋友）時太容易無所顧忌，讓自己逾越了界限。

♀別讓「閨密」成為一個貶義詞

我更願意相信「閨密緣」是小機率事件，只是它的發生實在難以讓人相信，所以一被「抓包」就格外顯眼，以至於會被反覆拿來作為反面經典案例。但如果真的發生了，不怪閨密，不怪渣男，我認為責任在當事人自己。

閨密和伴侶做了爛事情，責任真的都在自己，誰讓很多人做事沒界限又疏於防範。

女性真的是一種很善良的生物，和自己親近的人特別容易掏心掏肺，一起討論帥哥，一起罵老闆，一起詛咒某個「妖豔賤貨」，還恨不得一起去廁所。總之，就是生怕親密的那個人不知道自己的底牌和祕密。

這種看上去「親密」的行為其實有極大的缺點。

對很多人來說父母或丈夫是我們最親的人，對他們，我們尚且知道保留一些祕密，或者知道哪些話該說哪些話不適合說，而遇到友情有時反而喪失了邊界。

這世上沒有兩個人能真正做到親密無間，也許曾發生過，但隨著生活和經歷的變化，想法和人心也不是恆定不變的。越是親密的朋友越是要注意分寸，因為畢竟妳是妳，她是她。感情多好，始終是兩個個體。

有三件事我是絕對不會對好友做的，關係越好越不會做：

第一，不會介紹伴侶與閨密認識，除非閨密也有另一半，四人一起情侶約會。

我當然會讓閨密知道我的伴侶，但不會讓他們有獨處的機會。這不是信任與否的問題，而是我們為什麼要輕易去「考驗」最愛的人的底線呢？而且，當妳們一起出來時，和另一半妳儂我儂，也要顧慮一下單身的閨密作何感受吧？分寸，即愛。

第二，不會給閨密介紹對象。

很多人都熱心於為自己的好友牽線搭橋，希望為她的幸福出謀劃策。我也做過這樣的事，但結局不太好。在我看上去兩人條件挺相配，閨密卻嫌棄對方衣著土、不幽默、沒情調；而男方也覺著閨密有點作、太驕傲。我又不能把這些評價直接拋給閨密，只能附和說確實是自己不好，沒選對人。那種兩頭不是人的感覺真不好受。

為好友的幸福出力的方式有很多，可以鼓勵她，讚美她，有問題時當她的顧問，失戀時陪著她走出來，可做媒人這件事，還是隨緣或交給專業機構來做比較好。

第三，少在愛人和閨密面前談論對方。

我們應該努力擴大自己的世界，不要讓話題總是圍繞著愛情、友情、伴侶、好友。有時候二者本無心，但經不住我們自己老提起，妳們逛街買到了她最喜歡的×××，陪他去聽了她最愛的歌手的演唱會……經常「洗腦」，久而久之讓伴侶、閨密在對方心裡有了痕跡。

我們也許無法預測人心，無法阻止變故，但我們可以加固自己的防線。這是對友情、愛情負責的態度。

在乎「界限」其實就是選擇相信那個人有能夠解決好自己問題的能力。

我對朋友，更確切地說是摯友的標準其實很簡單：

1可以卸下心防真的去聊點什麼；

2妳願意借錢給她。

第一條看著簡單，其實不易。因為妳想卸下心防去聊的事通常要麼是讓自己困擾、無力的事，要麼是會讓對方感到為難的事。願意和對方聊那些讓自己難堪的事，說明妳充分信任她的人品，不擔心或不介意她會嘲笑妳的難堪，會把這樣的難堪告訴別人；另外，也表示妳充分信任她的能力，無論是解決問題的能力還是安撫人心的能力，妳知道她總有一句話能說到妳的心裡。

至於第二條，雖然人們常說金錢是感情的「搞事棍」，多少美好都敗給了金錢，但我更願意把金錢看作檢驗友情的一塊試金石。前兩天和父母聊天，我問了他們兩個問題：

在這個世界上妳願意借錢的朋友有幾個？妳自信能借給妳錢的朋友有幾個？然後，我也和他們說了自己的答案。真巧，無論是我願意借錢給他們還是相信他們能借錢給自己的，都是同樣的幾個人。

之所以用錢來作為測量標準是因為我認為有錢和有愛，是一個人最大的兩項安全感來源。身為摯友，毋庸置疑妳們之間是有愛的，但如果妳肯「割捨」自己的另一項安全感來源——金錢，把它讓渡給需要的好友，我相信這份情誼是更被妳看重和信任的。

借錢給一個朋友或朋友肯借錢給妳，說明不願放棄這份感情（通常拒絕借錢就意味著再見難堪），也自信不會讓妳們的關係受到外物的影響。

唯有非常珍愛的東西，我們才會對其充滿沒來由的信任和執念。

金錢在這裡也可以換成任何她在乎的東西，如果她不缺錢但需要有人拿出時間來陪，而妳願意這麼做，也是真愛了。

♀ 山下的男人是老虎，見到千萬要躲開

在女性的友情世界裡當然不是只有同性，朋友這種角色也會由男性來扮演。和男性成為朋友有著和女性做朋友不一樣的感覺，和他們打交道會更直接，更自在，不用太去顧及對方是不是玻璃心，或者有口無心傷害了對方。

不過，男人也是我們友情世界裡的「危險品」之一。

美國威斯康辛大學曾做過一項研究，請八十八對年輕男女回答一些關於友情的問題。結果顯示，男性無論單身與否，都希望自己對女性朋友是具備吸引力的，如果有機會的話，他們還希望能和女性朋友單獨約會。對男性而言，不管女性是否單身，她們都具有吸引力；他們也常一廂情願地猜想，女性朋友對自己是充滿興趣的。

相比較之下，女性大多認為和異性之間的友誼可著重心靈的溝通，只有當她們感情生活觸礁時，才渴望從異性友人身上獲得更多慰藉。也就是說，不管單身與否，男性和異性的友誼是建立在「性吸引力」之上；而女性大多認為和異性之間的友誼可以是「柏拉圖式關係」，即重視心靈上的溝通。

其實從人類發展史來看，異性友誼是個新鮮事物。在歷史的大部分階段，由於性別角色的固化和男女地位的不平等，男女之間除了愛情和親情這兩種感情外，幾乎是被隔絕的。陌生男女真正開始近距離接觸，是從工業革命之後開始的。女性開始大量進入工作場所，而不像她們的先人那樣，把一生絕大部分的時間都交給家庭。這個時候，女人們突然發現，身邊出現這麼多形形色色的男人，要如何跟他們打交道？

不幸的是，相對於數百萬年的人類歷史，工業革命距今才區區幾百年的時間。因此，面對這前後劇烈的變化，人類在心理上根本就還沒有進化出一套有效的應對之道，大家完全不知道如何同除了配偶以外的異性打交道，於是異性友誼便在懵懂中摸索、進化。

有學者依據關係中自己和對方的態度，總結了四種主要的異性友誼模式：

相互吸引：自己和對方都有進一步發展的興趣。

渴求：自己想進一步發展，但對方沒興趣。

拒絕：自己沒興趣進一步發展，但對方有興趣。

嚴格的柏拉圖式：雙方都有興趣又沒進一步發展的意思。

看上去只有第四種模式是最接近普世對友誼的定義。

但矛盾的是我們不可能和一個自己認為沒有吸引力的異性做朋友，且男女間想要有純粹的友誼，中間總橫著一個難以逾越的「障礙」——性。此乃本能，我們難以抗衡。

這也是為什麼經歷了這麼多年，就「男女之間是否有純粹的友誼」這一問題總會形成兩派，各執一詞，誰都難以說服對方。實在是因為我們這是在和自己的人性做抗爭啊。

所以，我們不妨把精力從「有沒有」這個無解的問題轉換到「如何盡可能保持異性友誼的純粹性」上來討論，也許更有價值。

對於女性來說，如果妳有一個自己非常珍視的男性友人，最重要的一步是，要辨別清楚自己對他到底是愛人之情還是朋友之誼，盡可能避免披著朋友的外衣去愛一個男人。不躲藏、不曖昧、不掩飾，對自己的情感能夠有清晰的辨識和控制，是成熟女性的標誌之一。

如果喜歡對方（單身情況下）就勇敢往上「撲」，失敗了最起碼妳們兩人的感情俐落、清爽。如果真的只是拿對方做朋友，就請一定避免做以下四件事去破壞妳們珍貴的友誼。

作為異性朋友，別隨便和對方說心事

親人離世，突然覺得生命好脆弱；天天上班、下班，生活軌跡一成不變，不知道活著的樂趣在哪裡；一個人北漂，華燈初上或逢年過節的時候特別覺得孤獨，不知道前途和未來在哪裡……把這些話講給對方聽，就是在說「我一個人好無力，好辛苦，好孤獨」。

人都有脆弱的一面，我們不會輕易向別人展示，這麼做了就說明沒拿對方當「一般人」。「神經大條」點的可能聽聽也就算了，敏感細膩的人回覆時煽點情、憂點心，那種奇妙的情愫立馬就被點燃了。妳會覺得對方好懂妳，為妳們同是天涯淪落人而惺惺相惜。友誼的質變就這麼發生了。

人有心事的時候特別脆弱，也特別容易被觸動。所以，最深、最累、最傷心的心事不要和異性朋友說。

作為異性朋友，別和對方談論另一半

我的一位同事分手就源於當初雙方談論各自的前任。

那時她和尚未分手的男朋友正處於遠距離戀愛的第二年，一個東南，一個西北，兩人的不少薪資都貢獻給了通信和航空公司。那時，她和現在的丈夫還只是普通朋友，因為有共同的朋友，大家便認識了，一幫人出來玩過幾次。

後來，生病時男友不在，委屈時男友不在，搬家時男友不在，颳颱風那天外面風雨大作男友不在，情人節時男友不在，總之，不該缺席的時刻，男友一場沒落地都缺席了。遠距離戀愛的苦只有另一個經歷遠距離戀愛的人才會明白。正巧，在那群朋友裡，現任丈夫當時和她當時一樣也身處遠距離戀愛中。

然後，他們從電話長途套餐、機票打折資訊逐漸聊到堅守一段遠距離戀愛究竟值不值得。最後，兩人一拍即合，得出的結論是太不划算了！所以，各自把現任變成前任，正大光明地在了一起。後來兩人以戀人身分在一起半年，發現還是做朋友時更舒服，但已經回不去了，只能逐漸變成「最熟悉的陌生人」。

和異性朋友聊另一半的風險是極大的，不知不覺自己就多出個「前任」來，而且當妳意識到還是用友誼的姿勢與新歡相處更舒服時，為時已晚。

作為異性朋友，盡可能避免和對方單獨約見

這個舉動充滿了曖昧、挑逗和暗示，潛台詞就是在說：「我們搞到一起吧。」

聽說市區公園新引進了一批火烈鳥，很好看，我們去看吧；公園逛完了，天還早一起去看部電影吧，這部片口碑超好的；電影看完剛好餓了，一起吃個晚飯吧；晚飯吃得有點撐，一起去逛逛走走吧；逛完後，有點渴了，一起去酒吧喝一杯吧……

「我也不知道什麼情況，本來就是見個面聚聚，誰知道一切就那麼自然地發生了。」這是友誼變亂搞的人最常說的一句話。也許有了一開始的「心術不正」，所以發生了什麼也是順理成章的吧。

以前聽過一句話：如果一位女生朋友答應和男生去看電影，這意味著她做好了和妳上床的準備。這話夠狠，也夠真。

如果真想和某個異性保持純潔的、要好的友誼，我覺得妥善的作法是讓妳的另一半和他的另一半也參與到當中來，兩對伴侶，四個人都成為好友，讓愛情成為友誼的邊界線和防護欄。

關於友誼，我最後想申明的是，我不喜歡現在很多人鼓勵發展的那種友誼：結識比自己強的人來提升自己。這可能也是一種友誼的形式，但在我看來更像是一種「圈套」——總要在對方身上獲取點什麼才好。友誼不是高山流水，當然可以因為需求寄希望於對方伸出援手，只是一開始就有「圖謀」的味道在其中，更適合貼上「夥伴」而非「朋友」的標籤。

夥伴是各取所需一起走得更高，朋友是真心換真心一起走得長遠。

上大學時，我是學校裡為數不多跑到外地讀書的學生，一走四年，把中學時的好友都「丟了」；大學畢業後，我又是為數不多跑去大城市工作的人，所以把大學裡玩得最要好的兩個朋友也「丟了」；幸運的是，我在工作中結交到了幾個摯友，是那種當妳和另一半吵架、和父母鬧彆扭時，妳會打電話找她們哭訴，願意把內心最苦的部分拿出來給她們看的朋友。雖然現在我們生活在不同的半球，有著十二小時的時差，但彼此依然願意把內心最軟弱、脆弱的部分相互展現出來。

她們讓我明白，好的友誼和好的愛情一樣珍貴，在友誼的世界裡，遇到那個對的人，也要拚命去愛惜、呵護。

♀ 活成一座孤島的女人不會美

我是一個比較外向的人，喜歡和他人交流、溝通，和朋友聚會時，通常也是負責暖場的那一個。但剛來美國時我英語不好，沒法和人交流，好不容易敢開口說話了，人們談論的一些話題（例如：橄欖球比賽）、笑話我完全不懂，根本聊不起來。而且美國人是表面上很熱情會主動朝妳微笑、和妳打招呼，但真想走心地往深處聊聊，很難。大家聊聊天氣，聊聊用餐，聊聊最近忙什麼，然後就各自揮手告別了。

所以，起初我在美國的生活非常痛苦，這種痛苦完全碾壓了對異國他鄉的新鮮感。不懂這裡的文化、沒有人瞭解妳的想法，妳也無法真正瞭解別人的想法，聊天的時候熱情如火（這完全源於美國人的語氣、語調太誇張，以及肢體語言太豐富），但完全是沒有深度的溝通。更糟糕的是，就算在這種沒有深度的溝通中，對方也經常會因為我發音不標準而中止談話，不得不一遍遍帶著一臉「問號」問我「what」。

真是身在繁華世界，卻感到莫大的孤獨。

既然這麼累索性我就不交流了。我當時的想法是反正也不一定在這裡長待，就假裝成一個內向的人熬過這幾年算了。可有一次和兩個年輕人視訊聊天，我發現自己不僅英文講得不好，因為長期不與外界交流，就算使用母語講話，我也說得不順暢，總是會慢半拍去接話，而且從不主動講話。

事情大條了！感覺再「沉默」下去自己會變成外星人。而且，我突然想明白，其實能出國是一件挺不容易的事，為什麼不好好享受當下呢？英語不好就多說，文化空白就多瞭解，老祖宗說得對：「既來之，則安之。」

所以，從那以後我厚著臉皮做了很多主動搭訕的事。例如，有橄欖球比賽時我就申請去做志工，在廚房幫忙做雞肉和牛肉漢堡。廚房裡十幾個志工，都是二十多歲的金髮女郎，就我一個黑頭髮、黃皮膚的大齡女子跟著她們一起「假High」，但也是有收穫的，除了學會做漢堡外，還認識了美國的珍和亞倫，從她們那裡我對美國大學啦啦隊有了更深的瞭解，也領略到了波多黎各人民的熱情和樂觀。

我還給三個外國人義務教了一年的中文，激起其中一位對上海和北京的嚮往，暑假就全家去中國旅行。同時，我也開始在一些平台寫自己在美國的生活和見聞。當時的想法是，有一天即便我離開這裡，記憶即便會模糊，但文字能證明我曾經在這裡的痕跡。

然後，神奇的事情發生了。我的膽子變大了，於是越來越敢和不同的人搭訕，結果就是語言變得越來越流利；我的文章開始有越來越多的人去看，於是我收到了Linked In（Linked In網）的邀請，成為他們的專欄作者，透過這個平台有三家出版社的編輯找我，希望能合作出書；而我那些做志工的經歷、教外國人中文、結識不同國家的朋友……所有這些經歷，都成為我書裡的素材。《島上書店》這本書裡有一句非常經典的話：「沒有誰是一座孤島。」確實如此。只要我們願意把觸角伸出去，去探觸比現在更遠一點的地方，我們的生活就會發生改變，甚至還會迎來幸運。

這個時代的女性已經不會讓自己「養在深閨人未識」，但還是有不少人把自己「困」在購物網站、影像網站和社交軟體上，用「買買買、刷刷刷、讚讚讚」來打發自己的生活。偶爾為之不是不可，但如果閒暇生活裡只有這些，人生難免感到貧瘠。所以，不妨試著關掉電腦、放下手機，去真實的世界裡和人交流，嘗試那些自己從未做過或者想做而一直沒能做到的事，一定會有奇妙的事情發生。

不要讓自己活成一座孤島，只要妳願意把觸角往外伸，哪怕只是閒逛都可能會有奇妙的事情發生。

我和管管能成為夫妻就是因為我在大街上閒逛的緣故。每次別人問起我：「妳倆不是同學，也不是同事，更不是別人介紹的，那妳們怎麼認識的？」我會告訴對方，我倆是在大街上認識的。

大街上每時每刻有許多人同我們擦肩而過，但我們就是成了命中註定的那一對。

當時我剛工作半年多，放完年假從老家回到上海，自己在逛街順便去公司拿資料，準備第二天開工上班。在公司樓下遇到了當時還在讀研究所的管管，他和另一位女同學在參加一個職業培訓的專案，其中一個環節是售書。大概當時我畢業不久看起來還是有點學生氣吧，他們誤以為我是學生就跑來向我推銷。我覺得他們勇氣可嘉，就買了那本書。和那位女同學閒聊，她得知我在某《財富》五百強公司上班非常羨慕，因為這是她很想去的公司之一，所以她請求我留下手機號，以後方便時向我「取經」。這個請求我自然是不會拒絕的，所以就把自己的手機號給了她。後面的故事也許各位能猜出一二。一旁的管管也默默記住了我的手機號碼，然後在第二天給我發訊息、打電話，一開始還裝模作樣地請教我找工作的事，後來就變成講述自己的經歷，約我出來逛街、吃飯。當然，我們的感情並不是那麼一帆風順就建立起來的，因為幾個月後我被公司外派到廈門出差，要去半年多，我覺得遠距離戀愛不太可靠，就提出了分手。後來，還是管管鍥而不捨從上海追到了廈門，打了無數通長途電話，感動了我，最終我決定和他在一起。

妳看，只要妳願意把觸角往外伸出一點，世界就會給妳回報。

美國社會學家格蘭諾維特提（Mark Granovetter）認為人際關係網路可以分為強關係網和弱關係網兩種。

強關係指的是個人的社會網絡同質性較強（即交往的人群從事的工作、掌握的資訊都是趨同的），人與人的關係緊密，有很強的情感因素維繫著人際關係。反之，弱關係的特點是個人的社會網絡異質性較強（即交往面很廣，交往對象可能來自各行各業，因此可以獲得的資訊也是多方面的），人與人關係並不緊密，也沒有太多的感情維繫。

格蘭諾維特認為，關係的強弱決定了能夠獲得資訊的性質，以及個人達到其行動目的的可能性。在他做的調查中顯示，一個人認識的各行各業的人越多（即有越多的弱關係），就越容易辦成他想要辦成的事。而那些交往比較固定（強關係）的人則不容易辦成事。

乍看這個理論好像有點不合理，我們都認為關係很「鐵」才能辦成事，泛泛之交憑什麼願意幫妳呢？其實，能和我們形成強關係的人，往往也與我們有著相似的背景、經歷、資源，而在如此流行轉行、跨界的今天，越和自己相似的人越難幫自己打破「壁壘」。就像我過去的圈子，大部分人都是教育行業、培訓行業的人，而讓我成為職業撰稿人和作家的人並不是他們，反而是我連面都沒見過的一些人。

所以，無論是想讓自己的生活發生幸運的事，想讓自己轉變職業軌跡，還是只是單純地想讓自己與過去的生活方式不太一樣，我們都應該走出去，把觸角向更遠的地方伸一伸。用閱歷、經歷和見識讓自己豐富起來的女人，很美很動人。

Part 5
關於自我

女人不美，死不了，也活不好

♀ 妳的柔情，最該給的不是男人

二〇一六年十月七日，我和管管迎來了我們的第一個孩子安迪。初為人父母，本來應該是開心的，但那時我們的內心只有擔心和難過。

安迪本不該在這個時候到來，他比預產期整整提前了五十天出生，生下來時只有二〇二五公克。我只在手術室看了他一眼，他就被醫生匆匆送去了新生兒加護病房（NICU），這不是一個新生兒該去的地方，但我們別無選擇。

麻藥過後剖腹產的傷口讓我痛得無法下床行走，只能和照顧安迪的護理師連線透過iPad看自己的孩子。那時候，我在三樓，安迪在七樓，我卻覺得我們之間隔著最遙遠的距離。此時，我的父母還在飛來美國的路上，他們只知道我五天前身體不適住進了醫院，卻不知道在這三天裡我經歷的種種：因為當地醫院無法治療所以開了二個小時救護車把我轉去了更大、設備更先進的醫院待產；莫名其妙而來的妊娠高血壓讓我們母子面臨危險；難以忍受的疼痛讓打了兩次麻藥的我最後直接被麻暈過去；以及，羊水破裂導致肚子裡的寶寶心率不穩需要緊急動手術……

那幾天，我一天當中大半時間都在打點滴，我的身上纏著各種監測儀器，只能插著尿管靜臥在床上安胎。醫生希望孩子能晚點出生，好讓他發育得更好，所以想盡辦法幫我拖延，但也沒能撐過一週。而我心裡又擔心又難過，一方面，擔心父母路途上是否安全。他們都是第一次出國，從家裡飛上海，再從上海飛紐約，一趟下來將近三十小時。他們能順利入關嗎？飛機上安全嗎？到了紐約的甘迺迪機場後出關會不會被攔住？另一方面，我為腹中的這個小傢伙而難過：你就那麼心急想早點兒看到爸爸、媽媽嗎？求求你多待一段時間再出來好不好？

只是安迪好像不願再等了，迫不及待地來到這個世界開始了他的人生。在我被允許下床活動時，我也迫不及待地坐著輪椅去七樓看安迪，見到他的第一眼我就哭了。他是那麼弱小，不到四十公分，皮膚皺巴巴，臉上戴著氧氣罩，進食只能透過鼻管，腳上輸著營養液，纏著監測心率、呼吸的儀器。那一刻，我心痛如絞。這個生命之前和我幾乎還是陌生人，但在見到他的第一眼，我就想用盡全部去保護他。

我想，這就是父母吧，甘願豁出命去保護另一個人。

雖然安迪的出場並不太順利，但所幸後面的發展還算順利。在NICU待了十五天後，全家終於帶著依舊不足二千公克的他回家了。而安迪的出生也開始讓我用不一樣的角度來看待自己與父母的關係。

♀ 有事的時候才想家，難道父母是「備胎」

我媽在醫院陪我待了兩週，本以為一年多沒見面母女兩人會格外親密，誰知我們見面第二天就吵了一架，氣得她哭著要回國。

我媽下了飛機匆匆奔來醫院，看到我正躺在病床上吃冰塊。華人剛生產完都是坐月子各種湯湯水水進補，裹得嚴嚴實實，連涼水都不准碰，我這倒好，穿著一件住院服啃冰塊，我媽覺得我不要命了。

其實這不能怪我，美國喝熱水太難了。大家都是喝自來水，甚至大冬天走在路上還喝加了冰塊的咖啡。而且，美國也沒有坐月子這麼一說。剖腹產第二天，醫生給我拆了紗布、檢查了傷口，然後對我說，如果我想洗澡，現在就可以洗。美國人的飲食習慣和療養方式每天都在刷新我媽的底限，她心裡悶著大火，覺得這幫白衣天使是要她女兒的命啊。

另外，我住的這家醫院裡沒人會講中文，我每天都要硬著頭皮和醫生、護理師溝通安迪和自己的健康狀況，各種醫學術語、藥物名稱搞得我頭大，而我媽擔心我的恢復情況，每次看到醫生來找我溝通就讓我問這問那的，我要把醫生的話翻譯給她聽，還要把她的擔心和不滿轉告給醫生（雖然我省略了很多抱怨），她又是個急性子，經常在我和醫生溝通時她插著中文進來，要我詢問。有幾次我實在是被左耳英文右耳中文同時「撕扯」得有點崩潰，就對我媽挑眉瞪眼。總之，因為習俗差異、語言不通，加之連續奔波三十小時沒休息，終於讓我們母女倆在見面第二天就爆發了「戰爭」。

我媽一發飆我就非常難受，那種難受不是生氣，而是懊悔。如果不是心裡對我的愛滿到要溢出，她何須忍受那麼多勞累大老遠跑到異國他鄉來看我的臉色？又何須如此心急如焚想要從醫生那裡瞭解我的全部情況？

小時候我得了中耳炎，耳朵難受睡不著，把我抱在懷裡哄睡了一夜，直到胳膊一整天都沒知覺的那個人就是我媽；我愛吃的菜，爸爸加班回來後雙腿累得發抖也會跑去廚房做給我吃；在上海買了房子裝修時，因為我和丈夫太忙，二話沒說飛過來幫我們盯裝修的也是我媽，油漆味讓氣管特別不好的她咳了整整一個月；還有爸爸，朋友發訊息從來不回覆的他，卻會戴著老花鏡五分鐘敲十個字給我的文章留言。從小到大，每一次有困難時挺身而出的都是父母。其實父母才是子女最大的「備胎」，不敢靠得太近怕打擾孩子的生活，卻又想拚盡全力幫孩子抵擋一切刀霜劍雨。

這世上有萬千種身分，我都可以理解，但唯有父母這個身分讓我百思莫解：

他們為什麼有那麼大的勇氣，願意為一個人的十八年甚至是更長的時間去負責，去費神？

他們為什麼有那麼多的仁慈可以去原諒一次次的傷害和心痛？

他們為什麼有那麼一顆柔軟的心可以去無條件地付出卻隻字不提，絲毫不計回饋？

而且，鮮有父母回望一生時，會真正後悔為人父母。他們總覺得自己的兒女是可圈可點、令人欣慰、值得驕傲的，哪怕我們不過是平凡普通的一個人。

《詩經．小雅．蓼莪》篇云：「父兮生我，母兮鞠我。撫我畜我，長我育我，顧我復我。」八個動詞，道盡父母心繫兒女的一生。如果說父母的愛似海洋，那也應該是最風平浪靜的海洋。他們可能奏不出響徹天地的濤聲，激不起驚天動地的浪花，卻能窮盡一生為我們涓涓長流，比我們能想像到的深遠，更深遠。

♀不理解爸媽，妳什麼時候才能長大？

安迪的到來讓我疲憊並快樂著，但也讓我領悟到一件事：為人父母是c／p值很低的一件事。

我知道感情不太適合用「c／p值」去衡量，它不是商品，能夠輕易來交易。但趨利避害是動物的本能，很多初為人父人母的家長都會在疲憊不堪時內心默默問自己：「這一切到底值不值得？」然後照舊拖著疲憊的軀體該餵奶餵奶，該上班上班。

抱著安迪時，我會想：現在的他就是一個弱小的生物，離不開父母的照顧，我們就是他的全世界。但過不了多久，他會逐漸有自己的意識、思維、世界觀，在長大的過程中，他會漸漸發現我們的愛有時也許是「錯愛」，我們也會犯錯，此時羽翼漸豐的他會開始反抗、糾正我們甚至會對我們表示反感，到那時我該如何面對？會不會也像小呂的父親那樣「愛得過了頭，讓愛變成愁」？

小呂是我來美國後結交的朋友，我們「三觀」很合，非常聊得來。前段時間她和我說了自己的一件煩心事。在出國後小呂和父母的感情並沒有因為距離和時差，而變得更親近，反而因為距離看清了父母的一些「問題」。

小呂的父母來美國探望她，在一起生活了五個月，小呂才知道原來父親「病」得不輕：在小呂的印象中父親是個心非常大的人，對什麼都看得雲淡風輕。小時候小呂學習成績並不好，她母親急得又是報補習班，又是考慮轉學，生怕耽誤了女兒的大好前途。而小呂的父親總能在一旁氣定神閒地說：「孩子嘛，就像小草，讓他們自行生長就好了，不要太強求。」所以，小呂一直以為父親是個精神上很逍遙、什麼事都可以容忍的人。事實證明，她真是誤會父親了。小呂說，以前連她的教育都不在乎的他，在自己來美國後多了很多莫名的擔心：

「薩德計畫」一出，小呂的父親就開始擔心美國北韓會不會開戰，開戰後會不會影響他們回家。小呂所在城市的安全性之高在美國已是數一數二了，他看到這裡人煙稀少就會擔心女兒被襲擊；再例如，他總覺得女兒讀的科系或許等畢業後沒幾年就不吃香了，到時候拿著外國名校一紙碩士文憑也找不到工作，以後生活怎麼辦？怎麼存養老錢？

小呂說父親憂慮得很認真：要嘛整宿睡不著覺，要嘛大清早起來噁心，要嘛半夜胃部隱隱作痛，要嘛時不時就覺得自己心慌得不得了。臨行前，父母在中國做了全面身體檢查，各項指標都很正常，但在美國這五個月，母親的心態和身體都不錯，父親倒是從頭到腳、從裡到外，五臟六腑鬧彆扭。

無獨有偶，我前兩天在看克裡斯多夫・柯特曼（ChristopherCortman）等幾位博士寫的《如何才能不焦慮》（*Take Control of Your Anxiety*）這本書。作者告訴讀者如何理解焦慮，大腦如何產生焦慮，焦慮的功能以及它在人類生存中的貢獻，病理學的進展等。然後介紹了五種主要焦慮症（恐懼症、驚恐障礙、強迫症、廣泛性焦慮、創傷後壓力症候群）的產生原因，結合實際例子討論應對策略和克服這些焦慮症的練習。其中提到的廣泛性焦慮和小呂父親的症狀完全一致。

具體來說就是，「即使並不存在特定的壓力源，焦慮也同樣可能發生」，它「是一種持續的、全天候的、不切合實際的、明明白白寫在臉上的『我太緊張了，我要受不了，我得尖叫才行』的焦慮症狀」。一言以蔽之，就是為焦慮而焦慮、只要活著妳就不由自主焦慮的心理疾病。

說實話，一開始看到這種心理疾病時，我一度以為這是作者杜撰或強行湊出來的一種病。因為和恐慌症、憂鬱症、創傷後壓力症候群這些心理疾病相比，它的命名未免過於不嚴肅；而且無論是現代人還是距今二十萬年前的早期智人，只要還活著、有意識，誰沒焦慮過啊。

對我們而言，焦慮就和呼吸一樣自然。身為現代人，沒有焦慮才不正常。但焦慮也是有限度的。如果我們一天當中大部分時間內心、情緒、感受都處於不舒服的狀態，看什麼事都覺得一片灰暗、沒意思極了，內心一定是出了狀況。

更重要的是，廣泛性焦慮不僅在精神上折磨著妳，也影響著妳的身體健康：疲勞、肌肉緊張、入睡困難、煩躁不安、頭疼、腹瀉、便祕甚至心肌梗塞，都是這種疾病帶來的折磨。

本書作者認為認知行為療法對治療廣泛性焦慮最有效。

其實有點像給自己「洗腦」改變看待事物的方法，不斷讓自己往積極樂觀的方向去看待事物。當然，這需要專業心理醫生藉助一系列治療手段，例如：「及時清空」、「體內生化療法」、「感覺運動療法」來改變情緒和認知。因為一切焦慮的來源並非事實本身，而是我們對事實的看法和認識。在患有廣泛性焦慮的人眼中，這個世界是一個危險的地方，總覺得有人會傷害自己，認為事情永遠都無法解決，所以才會有無力、絕望甚至憤怒的情緒產生。

不過認知行為療法這件事也許在父母這代人身上挺難操作，一方面華人很多「四年級」、「五年級」的父母不太相信心理學，在他們眼裡心理疾病都有點像無病呻吟；另一方面，父母對子女的操心是沒有終點的，這是父母的本能決定的。所以，如果父母患有廣泛性焦慮，對孩子過分操心，不妨另闢蹊徑試試下面的方法：

首先，給自己做一個心理建設，告訴自己，每代人都有他們的時代局限，父母和我們的經歷、見識、處世方式、家庭環境、生長背景不一樣，所以不能強求。在「糾正」父母的看法前，先要充分理解父母為何會產生這些消極想法。是不是自己的行為、表現讓父母誤會了？不瞭解源頭直接進行說教和勸解都是無效的。

其次，使用移情。「移情」是精神分析的重要概念之一，最早由佛洛伊德提出，指在以催眠療法和自由聯想法為主體的精神分析過程中，來訪者對分析者產生的一種強烈的情感。現在多指用其他事物去轉移焦慮源的一種治療方式。不要讓父母一直陷在焦慮源中，而是投他們所好或者介紹新鮮的事物轉移其注意力。

最後，營造熟悉環境。新環境會給人們帶來新鮮感，但也會給人們帶來危機感。就像小呂說她父親尚未到美國時，因為沒有切身體驗過語言不通、文化隔閡、飲食不習慣、無人交流這些問題，所以對美國的生活一直持樂觀看法。

來美國後各種新環境帶來的困難撲面而來，讓父親措手不及且確實無能為力（不是所有人都能六、七十歲還從頭開始學英語），是不是讓父親來美國是自己做錯了？小呂深深自責。

我告訴小呂，這些困難的確存在，且對她父親而言也的確是巨大挑戰，但這並不意味著是現在的新環境導致了他的廣泛性焦慮。他可能一直都有焦慮，只是過去在熟悉的環境裡這種焦慮沒有表現出來，來了美國後瞬間被放大。焦慮會受到環境的影響，但病根還是基於個人對事物的看法和理解，就像同樣的挑戰和困難，在小呂母親那裡就不是問題。

所以，幫父親盡可能營造一個熟悉的環境，例如，帶他去中國人多的地方交流，鼓勵他多和自己在中國的老朋友聯繫也許值得一試。當然，讓他儘快回歸到熟悉的生活軌道，無疑是最好的辦法。

其實，我們看待父母的焦慮和操心，不妨換個角度、多些理解，即這一切也是愛的表現，只是表達得有失妥當。因為父母對子女的現狀不理解、不滿意但又愛莫能助，所以只能把這種情緒釀成焦慮。

而我們能做的，就是對父母多些耐心，不是勸說、爭吵或感到無奈放棄溝通，而是透過描述、解釋和有結果性的行動，讓父母明白自己可以面對因選擇而出現的一切後果。

「如果上述辦法都不奏效怎麼辦？」小呂問我。

「那就只有無條件地包容和取悅了。」我說。

♀ 父母在時，人生尚有來處；父母去時，人生只剩歸途

據說愛一個人就是讓自己既有了鎧甲也有了軟肋，這句話放在父母與子女之間同樣適用。過去為了保護我這個「軟肋」，父母不得不練出結實的「鎧甲」，近幾年，我漸漸發現父母越來越成為我自己內心最柔軟的一部分，為了他們，我也願意讓自己練就一副堅實的「鎧甲」。而這副鎧甲就先從無條件取悅父母開始。

剛到美國第一年，有一次接通我媽的視訊被她劈頭蓋臉教訓了一頓，事小得都不值得我敲鍵盤寫出來。等她罵完後，我解釋了一下才發現是一場誤會。老媽撇撇嘴，面帶未消的慍色和一點點的尷尬，說了句：「好啦好啦，是我冤枉妳囉，我去睡覺了，拜拜。」然後就剩我一人傻呵呵地對著螢幕想：老媽冤枉起人來怎麼也這麼可愛!?

這是我內心真實的想法，我承認，得到了一定的年齡才能有這樣的境界。

這類事以前也發生過，都是十萬火急地一頓罵後才發現，喔，沒事了，洗洗睡吧。那時的我怒火不小、心裡委屈，絕不會有「可愛」這麼美好的詞蹦出腦海，心裡想得最多的就是：「我招誰惹誰了呀！」

自己對父母越來越理解和包容是從什麼時候開始的？應該是從我特別願意取悅父母開始的吧。

在人人都標榜不願取悅他人、只願討自己歡心的時代，唯一能讓我為之破例、心甘情願去取悅的對象應該就只有父母了吧。而且取悅他們時，我是相當舒服的。

例如，我那位學英語的老爸時不時在電話裡和我蹦幾個英語單字時，我是一定搬出VOA主持人的發音來和他媲美的。因為當我在花甲之年時，是絕不可能每天花幾小時去堅持學習一門語言的。

例如，我老媽說起某個女明星漂亮、氣質好，我一定脫口而出：「她到妳這個年紀簡直不能看，妳是被時代耽誤了，要不『一姐』壓根輪不到她。」因為當我在她這個年齡時，肯定看上去不會像她一樣比實際年齡年輕至少十五歲。

心甘情願取悅父母，不是哄騙、敷衍或圖謀什麼，就是覺得一方面他們的確有讓我敬佩的一面——我相信每位父母都有；另一方面，讓他們開心是我這個年紀該擔負起的人生責任。

對於父母而言，妳的取悅、討好、博他們一笑是費了心思、有著陪伴的，這比物質的付出有時更溫暖、貼心。

但是，父母和我們的衝突、矛盾有時又不僅僅只是一場誤會那麼簡單。它可能是安排妳做一份自己不喜歡的工作，可能是棒打鴛鴦，可能是攔截妳想飛的心，這個時候該怎麼解決？

我之前收到過一位讀者朋友的電子郵件，他是一名醫學院的研究生，但對學醫毫無興趣，倒是對皮件設計特別感興趣。無奈父母都是醫生，所以一手包辦了他的前途，畢竟無論在哪個國家醫生都是一份體面的工作。

可是，他每天都過得好痛苦，想到要把那些自己反感的教科書內容塞進腦子裡牢記一輩子，想到自己將來在醫院過著忙到沒時間吃飯、睡都睡不飽的生活，他就十分痛苦。他深知父母是不會答應他放棄學醫的，而他自己即使再喜歡皮件設計也不敢輕易走上那條路，畢竟之前沒人走過。他問我怎麼辦。

說實話，這類事關「人生大事」的難題，就算妳去問神仙，也不一定能給出滿意的答覆，更不用說我這個智慧平平的普通人能有什麼妙解了。遇到這類難題，我自己的處理方式是：選擇獲取父母的信任一定比和他們爭執、強辯要管用許多。

爭吵時，通常我們的想法是：「我的親生父母，怎麼都不理解我？」而父母的想法是：「正因為我是妳親生父母，太瞭解妳了，所以才要這麼做。」

不要怪父母總是干涉、插手我們的想法或選擇，那是因為父母眼中真實的我們，與自己以為的我們之間有不小的差距。妳想要更多的自主和空間，就必須用更多的獨立和成功（不僅指財富、地位，更指做成妳決定去做的每一件事情）去和父母賭，這是讓他們信任妳、對妳徹底放手最有用的方法。

我爸媽也像很多家長一樣，在孩子大學畢業時想著讓他們留在自己身邊，幫忙安排一份穩當的工作，一輩子就順利平穩這麼過下去。可是，很多年輕人都有一顆想去外面世界看看的心，我也不例外。那時，家裡著手幫我打點當地報社的工作，可我知道自己是不甘心就這麼安穩度日的，所以就和爸媽說想去大城市闖闖看。

反對是自然的，就這麼一個獨生女捨不得讓她辛苦啊。還好，我父母不獨斷，談到最後給我批了五千元人民幣經費外加一張機票。我媽的原話是：「就用這五千元買個死心吧，一個月後錢花完，妳也就安心回家了。」

然後，我就從家鄉到了深圳，進入了一家世界五百強企業工作，又藉著這個工作從深圳調到了上海，在上海立業成家，現在又到了美國。離家時二十二歲，十年過去了，父母當初期待我的那顆「死心」和「安心」已經回不了家了。

也是從我自己能在大城市獨立、立足開始，父母對我的一切人生大事——例如：換什麼工作、和什麼人結婚、到美國來，這些決定他們從不干涉，只有信任和支持。

因為對子女愛之深，父母其實會比別人更「功利」。若真想讓他們放手、安心，就要付諸更多的行動，交出更漂亮的結果，才能給他們一顆定心丸，去讓妳走自己的路。其實，即便我們做得足夠好，與父母的隔閡也會因為時代與閱歷的不同而無法消除，但和父母隔閡越來越大的那一刻一定起始於我們放棄、停止了溝通。能和父母好好相處，就是要堅持與他們好好溝通。

想想妳是不是也習慣抱著不愛解釋、懶得說明白這樣的態度，或者用再簡單不過的一兩個語氣詞去回應自己的父母？很多時候我們會埋怨父母不好溝通、不理解自己，但如果妳是用這樣的態度去「對付」他們，又怎能讓他們真的理解我們的想法、懂得我們的心思？

沒有誰是天生就該完全懂妳、理解妳的，哪怕是我們的父母。

當我們放棄、停止和父母溝通，這意味著：我們不再想讓雙方靠近彼此；我們覺得他們老了，無法理解自己的意圖和心思；我們覺得與父母的關係只能止步於父母與子女——即便內心也曾渴望和他們成為傳說中的朋友、知己。沒有任何一種關係能在缺少溝通的情況下健康成長。

所以，千萬不要用「反正我說了你們也不明白」這樣的態度去對待父母。只有耐心把事情、想法和心思講出來，他們才能明白妳是誰，妳想要的是什麼。能否達成共識、得到支援，決定權也許不完全取決於妳，但如果連開口的機會都不給雙方，就不要隨意把「不懂妳」的帽子扣給父母。

好好溝通，而不是去妄加揣測、輕易放棄，才能讓父母覺得妳們之間還有一座橋樑可以把彼此拉得更近。

之前看過一句話：「父母在時，人生尚有來處；父母去時，人生只剩歸途。」如果我們能明白這一世為父、為母、為子、為女的緣分，因為由不得自己掌控而分外珍貴時，也就能明白為了能夠和父母好好相處所做的一切多麼值得。

♀ 跟父母的親密與距離的拿捏

美國人身上有很多我欣賞的東西，例如：幽默、直接、獨立、熱愛運動、喜歡突顯自己……但對於他們的親子關係，在我近距離接觸美國文化近三年後，依然無法欣賞。雖然老年後去養老院是很多美國家長的選擇；身在同一座城市，甚至住的只隔幾條街的距離，孩子們半個月、一個月去看望一回他們也覺得無妨，但對於深受中國傳統親子關係影響的我來說，很難從內心去讚賞這種所謂的獨立親子關係。

不過，不欣賞、不讚賞不代表美國人的親子關係中沒有值得我思考的地方。我在美國認識了凱文和珍妮佛，他們兩人與父母的故事發人深省。

先來講凱文的故事吧。

有一天我參加一個聚會，閒聊中我問了在座的人一個經典而又刻薄的中國問題：「老媽和另一半掉水裡，只能選擇救一個，妳們救誰？」答案五花八門。

有拒不回答型的，例如：茱莉。她有一兒一女，均已成年，家庭和睦幸福。一開始她聽到這個問題時，非常詫異。把她的原話翻譯過來是這樣的：「天吶！世界上為什麼會存在這樣的問題？是誰想出來的？」然後托著下巴認真地想了一分鐘，告訴我：「這對於我來說實在太難了，我想不出，所以，拒絕回答。」

「但妳一定要選一個呢？」我堅持問。

她托著下巴又認真地想了一分鐘：「Sorry, I can not! This question is so evil.」（抱歉，這個問題太邪惡了，我回答不了。）

有臨場發揮型的。例如：托尼。他說：「都是至親至愛的人，太為難了。所以，我乾脆先下水吧，反正這一步是必須的，等下水之後就跟隨本能去救吧。哎呀，太讓人為難了，我們不要討論這個問題了。」

其中，凱文的回答最讓我意外，他想都沒想就脫口而出救老媽。凱文一年前剛和相戀了半年的女友結婚，兩人一見鍾情，再見就談婚論嫁了，目前還處在蜜月期，經常在推特上秀恩愛。我本以為衝著熱戀期，他會選擇救老婆。而且，在華人如果男人們選擇救媽媽，多半會被貼上「媽寶」的標籤。我們認為，另一半才是與妳共度一生的人，怎麼能放著她不顧呢？

凱文說：「我肯定會救我媽，她和我爸離婚後一直是我們母子相依為命，她教我做人，供我讀書，讓我尊重女性。我和我媽相處了二十八年，和妻子喬伊只相處了兩年，救我媽很正常吧。」

凱文解釋完後我就理解了他的選擇，並且覺得非常合理，一點也不「媽寶」。

無論是從感情基礎、認識時間長短、共同經歷來說，凱文和母親的感情深度、長度和厚度都比與妻子喬伊要豐盈太多。任何感情，能夠持久地陪伴就早已勝過人間無數。感情先得有時間長度去打底，然後才有資格去談深度和濃度。

從另一個角度來說，如果真的讓自己的兒子放棄救親媽媽，那一定是夫妻兩人感情非常深厚、牢靠，完全無法想像未來的生活裡失去她的每一天他將如何度過。那麼凱文和喬伊的感情深厚、牢固嗎？從兩人的推特來看他們目前過得挺幸福，但過日子完全是如人飲水，冷暖自知的事情，而且來日方長，誰知道未來會有什麼變數呢。

一邊是一起走過二十八年風風雨雨的母子，另一邊是相愛兩年的夫妻，即便夫妻之情和母子之情性質完全不同，但要說這甜如蜜的兩年感情一定抵得過凱文與母親的二十八年母子情深，我很難相信。如果凱文的母親不是個好榜樣，他還有可能會猶豫、為難，但凱文對母親評價頗高，讓他不去救自己的母親太難了。

有人說，愛情不在乎天長地久，只要愛對了人，一天勝過一輩子。這完全就是哄騙未經世事的小朋友們的一碗「毒雞湯」，任何一種感情若要對比，少不了厚度和長度的丈量。

凱文的故事讓我明白，美國的親子關係也可以很親密，但這種親密是帶有理性的，並非一方依賴、一方寵溺而結成的偽親密。

而珍妮佛的故事則讓我明白了親子關係中親密也應該是保持一定距離的。

珍妮佛是我在社區咖啡館做志工時認識的女生，即將大學畢業。有一次我們聊起中美兩國家庭教育的問題，她講了一個自己的故事。

在美國不少家庭父母與孩子的關係都不算融洽，父母離異，孩子叛逆，彼此關係冷漠，但珍妮佛一家不是這樣。她家很像美劇《摩登家庭》裡菲爾一大家，彼此有摩擦但更多的是理解、溫暖與原諒，珍妮佛的哥哥即使在青春叛逆期，也能和父母談心，講自己的煩惱和困擾。

在珍妮佛十六歲時，她認識了初戀男友，男友經常到家裡來玩。她的母親非常擔心小小年輕做出什麼事，剛開始時不時藉口「突襲」她的臥室。後來珍妮佛和母親保證說在十八歲未成年前不會做越軌之事，母親才不再干擾二人。十八歲生日那天，珍妮佛和男友一起找她的父母溝通，說兩人都做好了準備，今晚想在男友家過夜，她也明白這意味著什麼，但她還是希望完成這個選擇。

珍妮佛說她的父母不喜歡她做的這個選擇，但她已經成年，如果這件事是她想做的，他們尊重她的選擇，只希望她能做好措施、保護好自己。因為父母沒有干涉、批判、阻止她的選擇，珍妮佛一直覺得自己的父母很棒，把與孩子之間的距離拿捏得很好，知道何時該介入、何時該退出，在她看來這種理解和適當的距離感代表的是信任，相信她有能力處理好自己的事。

珍妮佛一直很感謝父母對自己的信任，而這份信任也讓她與父母一直維持了非常良好的親子關係。

我在青春期時也曾對父母抱有怨念：為什麼他們不理解我？為什麼他們對我有這麼多的束縛？為什麼他們要把自己的意願強加於我？這些年，隨著經歷更多，年歲更大，自己更加成熟，內心更加強大，最重要的是有了安迪後，我漸漸理解了一些：來到這個世界，我們都是第一次為人父母、為人兒女，平生第一次，難免會有諸多「不妥」，還望相互能多多體諒、指教。

♀永保美麗的公式：美麗＝努力＋自律＋敢「秀」

談到女性，一個繞不開的話題就是美貌。如果建立一個從古至今的熱門話題榜，我相信關於女性外表的討論一定會高居榜單。有一具好看的皮囊的確是先天優勢（當然，也有可能是禍事），很多研究已經證明，好看的人帶來的首因效應和光環效應會成倍增長。所以，聰明的女人都知道要好好愛惜和打理自己的外表，維持青春和美麗。但美麗從來都不是年輕人的專屬。妳相信嗎？一個女人到了六十歲、七十歲同樣可以明豔動人。

有一個女人，在六十三歲時登上了《紐約週刊》（*The New Yorker*）雜誌的封面。六十三歲的她全裸，托著九個月的孕肚看向前方，標題是「她做這個會不會太老了呢？」。封面文章的內容是關於中年女性生育的探討，並分享這位大膽的模特兒在健康和營養學方面的研究成果。

沒錯，她不僅僅是高齡模特兒，還是唯一一個在三國註冊考試認證的營養師。她在二〇〇六年美國營養協會年會上獲得「年度傑出營養企業家」獎。現在的她已經年近古稀，依舊是美國很多知名雜誌封面的座上嘉賓，而她也從不刻意掩飾自己臉上的皺紋，但沒有人會否認她的美麗與魅力。

這個女人就是梅耶・馬斯克（Maye Musk），身為單親媽媽的她培養了三個非常出色的孩子：小兒子專攻生態健康食品行業，在全世界有多家連鎖家庭廚房；女兒是好萊塢知名的電影製作人；而她的大兒子就是科技狂人、特斯拉CEO、被稱為「鋼鐵人」的伊隆・馬斯克（Elon Musk）。

梅耶從小就是個美人胚子，但能在六十多歲還成為超模的人絕對不僅僅只有美貌。比梅耶美貌更動人的是她的內在。伊隆・馬斯克在採訪中曾說過：「我的特立獨行和成功很大一部分都源於母親，母親教會我堅持自己所熱愛的事物，生命就不會被浪費。」

梅耶一九四八年在加拿大出生，在南非長大，酷愛科學和閱讀，每週二次的圖書館閱讀是她的必修課。十五歲的她就接拍了人生第一支廣告，後來參加南非當地的選美比賽，發掘了自己當模特兒的天分。不過她並沒有走成為明星然後嫁入豪門這樣的「選美小姐」路線，而是在二十一歲時嫁給了工程師埃羅爾．馬斯克並生了三個孩子。帶著三個孩子，繼續模特兒事業的同時，她還在孕期完成了營養學的碩士課程。

因為無法忍受丈夫的大男人主義，梅耶在結婚十年後便離婚了。梅耶帶著三個孩子前往加拿大重新開始生活。他們一家四口在多倫多找到了一間廉價房屋租了下來，近四十歲的梅耶在多倫多大學繼續自己的營養師研究工作，同時她還要進修課程，把南非的學歷轉成加拿大認可的證書。為了補貼家用，她也一直兼職做模特兒，在最困難時為了讓三個孩子完成大學學業她同時打過五份工。最終梅耶獲得了加拿大認可的學位證書，在加拿大繼續自己作為營養師的工作，也把孩子們都培養成才。

後來兒子開始創業，為了陪伴孩子梅耶賣掉了多倫多的營養師診所，搬到了加州舊金山從零開始。她從打工開始學習美國的計量制、營養學會的規則，調整她的商業模式。那時的梅耶已年近五十歲，卻沒有一刻停下自己努力的腳步。即便在馬斯克取得巨大成就，成為億萬富豪後，她也沒有放棄自己的事業。

一直努力的人會有一種韌性，而這種韌性支撐著他們的美麗，不受時間的打擾。除了努力之外，梅耶的自律也是她成功的關鍵。她的自律從她七十歲保持著還纖細的體型、優雅的體態就能看出。

凱利．麥格尼格爾教授（KellyMcGonigal，Ph.D.）是史丹佛大學備受讚譽的心理學家，也是醫學健康促進項目的健康教育家。她暢銷全球的《自控力》（*The Willpowe Fnstinct*）一書中說道：「集中注意力、拒絕誘惑、控制衝動、克服拖延是非常普遍的人性挑戰。」大腦出於自我保護的天性，常常規避掉這些問題，但強大自律的人往往會透過磨練意志，持續戰勝這些弱點，最終取得成功。

人類的行為舉止幾乎都是受身體的某些組織或激素控制，自律（自控力）是受人類大腦的前額皮質控制。人類對內外的刺激都會做出不同的反應，當外在遇到危險時身體會分泌腎上腺素讓我們快速躲避；而面對內在的衝動時，身體也會做出相應的反應，而意志力就是大腦前額皮質對衝動的抑制。

耶魯大學歷史系學士、哈佛大學企業管理碩士、《紐約時報》商業調查記者查理斯・都希格（Charles Duhigg）在他的著作《為什麼我們這樣生活，那樣工作？》（*The Power of Habit: Why We Do What We Do in Life and Business*）這本書裡闡述，人在自律之後，大腦發生變化、形成習慣，而習慣能夠讓大腦尋找省力的方式得到更多休息。

這也是為什麼現在很多人說的，自律的人才擁有真正的自由，才有更大可能獲得成功，因為他們的大腦工作效率和效果都更強。

以前我會以為，對女性來說，想擁有美麗（不僅指容貌）只要努力＋自律就可以實現，但來美國後，美國的女性教會我還要具備第三個條件——敢「秀」。敢於「秀」出來不僅會加快我們美麗的速度，更能夠為我們的美增添色彩。

美國藝術家、印刷家、電影攝影師，同時也是視覺藝術運動波普藝術的開創者之一安迪・沃荷（Andy Warhol）有一個非常著名的「成名十五分鐘」理論，即「在未來，每個人都可以成名十五分鐘。」（In the future, every body will be world famous for 15 minutes.）這句話很鼓舞人心，但它隱藏了很多成名的必備要素：有真才實學、運氣……其中，我認為必不可少的一項要素就是想成名、得敢「秀」。

狄更斯（Charles John Huffam Dickens）《雙城記》（*A Tale of Two Cities*）裡說過：「這是最好的時代，也是最壞的時代。」這句話放在今天也適用。我們這個時代的「糟糕」

在於，越來越多的能人異士出現，而社會對人才的要求也越來越高；同樣，這個時代也有它無可匹敵的優勢，科技與媒體的發展、對精神追求的多樣性使得在這個時代想出名也變得不像過去那麼難。只要妳有點一技之長，經過媒體的渲染和擴大，就能讓妳擁有自己的粉絲，成為名人。但幾乎所有名人都得承認一個事實：因為人才湧現、競爭激烈，現在早已不是酒香不怕巷子深的年代了。

想讓自己的才華、魅力得以展現，就得學會自我展示。就像知名美籍華人勵志作家陳愉在《三十歲趁勢而為》這本書裡寫的，「在當今時代，要做一名成功的作家，不但要寫得好，還要十八般武藝樣樣精通，其中最重要的技能就是放下身段，推銷自己。」

在敢於秀出自己、推銷自己這方面，美國人做得無比出色。在美國人看來，推銷自己並不是一件難為情的事（華人社會我們會覺得展示自己、向別人推銷自己太露鋒芒，畢竟「槍打出頭鳥」嘛），反而，這是自我認識清晰、對自己充滿自信、願意向對方表達自我觀點的大好機會。

我的朋友EL在美國一所很著名的商學院拿到碩士文憑後，和無數畢業生一樣面臨著就業的難題。華爾街幾乎是所有商學院學生的必爭之地，但EL身為一名中國學生，論語言、文化、人脈、背景各方面幾乎沒有任何優勢，就連她那個頂尖商學院的文憑在眾多想進入華爾街的準精英人群裡都顯得平平凡凡。

三個月後，我接到EL的郵件，她被美國一家著名的風險投資公司錄取了！恭喜之餘，我問她怎麼做到的。原來EL走了一條不尋常的求職路。

她找來電話黃頁，圈出美國東部幾所發達城市金融行業公司的電話和電子信箱，然後給這些公司一家家打電話、發電子郵件推薦自己，希望能拿到一個面試名額。EL的最高紀錄是一週發了八十封郵件，每一封都針對公司寫得很個性化，而並非按一下「Enter」就行了的群組信。在這八十封郵件裡，有十家公司表示可以見面聊聊，這十家公司裡有兩家在面試完後給了她錄用通知，希望她能加入。

ＥＬ問對方為什麼選擇錄用她，其中一家公司的回覆是：「除了背景符合、成績優秀外，妳是第一個主動敲開我們公司大門的華人學生，這份勇氣和自信我們很欣賞。」

其實細想一下，努力、自律和敢「秀」三者是相輔相成的。我們因為努力和自律使得自己變得更加美好，然後透過「秀」來展現自己的美好，得到更多人的讚賞、認可和好的回饋，而這些都會變成自信，讓我們更願意去努力、自律，從而打造更美麗、更優秀的自己。

♀ 美人可以老，但不能沒有用

我在美國這兩年，發現這裡的老年人很少有那種真正衰老的感覺，即使他們滿頭白髮、步履蹣跚甚至走路需要助行器，但他們的眼睛裡總是有光。在美國，很多人到了七十歲還在工作，倒不是非工作不可（美國政府、各種機構對自己公民提供的各種福利和補助，完全可以使一個沒有工作的人生活得挺舒服，更何況那些已經工作多年的人還有退休工資），他們只是不想讓自己的大腦比身體更衰弱。而這種作法背後的思想是，希望能有更長的時間去創造自我價值。

我在一家慈善機構資助的咖啡館做志工時認識了瑪莉。她六十歲從中學退休後繼續在私立輔導機構擔任補習老師，同時還身兼三所慈善機構的志工，每一天都安排得滿滿的。瑪莉的丈夫是大學教授，兩個兒子也都成家立業，以她家的經濟條件即便退休後不工作也可以過得很好，但瑪莉就是享受那種服務於他人、被需要的感覺。

還有，去年我生病在美國的醫院住了幾天，其中有一個護理師凱特給我留下了深刻的印象。她已經六十歲了，一週還會在醫院工作三至四天。凱特一頭銀白色的短髮，鼻樑上架一副金邊眼鏡，一身朱紅色的護理師服沒有一點褶皺，臉上永遠帶著那種「妳馬上就要康復啦」的真切又鼓舞人的笑容。

說實話，凱特第一次對我自我介紹時，我有些擔心：六十歲的年紀還當護理師，而且還是夜班，更何況美國的護理師做的是護理師＋看護工的工作，不像中國的護理師到點給妳拿藥、測體溫、換點滴，除了要做這些，美國的護理師還要幫妳擦身、倒尿袋、攙扶妳洗澡、上廁所，工作量很大，所以我認為以凱特的年紀一定是承受不住這種工作強度的。

事實證明我想多了。醫院既然能雇用凱特工作就說明她確實具備工作的能力，而且凱特的工作能力非常出色，從體力、態度到技術甚至超過許多年輕的護理師。抽血時她會像哄孩子一樣安慰妳，「我的技術會讓妳一點疼痛的感覺都沒有」；吊點滴無聊時她會和我講我不太懂但她笑到不行的美式笑話；聽到我說話喉嚨有痰，她倒來的水旁會主動放一小包蜂蜜幫助潤嗓。和凱特相處會讓人回憶起小時候和姥姥在一起的溫暖時光。

像瑪莉和凱特這樣的女性在美國不是少數，她們喜歡讓自己在即使可以「停下來」的年紀依然不要停下來，讓自己繼續發光發熱、創造價值。「創造價值」從廣義上可以理解為為他人服務，讓別人覺得妳是被需要的，從狹義上來說最簡單的創造價值的方法就是賺錢。

能夠持續創造自我價值的女性不僅會讓別人覺得特別生動，也能促使自己打理好精氣神，不懼歲月無情流逝。

♀ 讓生活美麗，就是讓自己美麗

會生活，並不意味著妳一定要很有錢或者不停地「買買買」。會生活意味著妳能在自己的財務範圍內讓自己過得比較舒服。想要「舒服」需要滿足兩個條件：第一，知道自己需要什麼；第二，能夠讓這種需要得到物有所值甚至物超所值的滿足。

我有一位非常會打理自己生活的朋友，她不會斤斤計較、委屈了自己，也不會走向另一個極端——用高級、奢侈的物品來填充自己和生活。那種「打理」是有分寸、很適宜的，她「打理」出來的生活在外人眼裡看來非常舒服。

例如，她非常喜歡拍照，照片裡的她無論在什麼時候的穿著都會讓人覺得很清新、得體。那種得體不是單單在世界頂尖公司工作所養成的「精英模樣」（她確實在世界很知名的企業工作），並且透過她的穿著、舉止、談吐，妳都能看出她把日子過得很從容。無論是爬山、吃飯、喝下午茶、去逛街，甚至是加班，她的穿著與當下的境地都非常契合。她非常喜歡烹飪，雖然都是做一些家常菜，但因為她的餐具讓人覺得飯菜的品質都提升了一個檔次。她用的餐具很高級嗎？並沒有，但絕對不是從超市買來的那種大眾款餐盤，而是明顯在某個很小眾、有特色的店鋪裡找到的。

再例如，這個時代每個人都忙著給自己充電，學程式設計、學演講、學寫作，她也學東西，只不過學的是看上去「沒什麼用」的芳療。因為自己愛不同的香味，所以她特意考了國際芳療師來調製自己喜愛的味道。她的身上、衣物上總有與眾不同的香氣，不是迪奧、香奈兒那種昂貴的味道，而是她自製的花香、果香精油搭配在一起讓人難忘、耳目一新的獨特香味。

會生活是一種非常重要的能力，表面上看這似乎需要有錢打底，但實際上生活成什麼樣，反映的是妳究竟是什麼樣的人。並非有錢就能讓自己開心，或者說一直開心。有研究證實金錢的增加（例如：調薪、中彩券、做生意賺了一筆錢等）給人帶來的快樂只能維持三個月，在這三個月內妳可以「錢」盡其用，享受一切自己夢寐以求的東西，但三個月後呢？妳是否還有能力來用金錢討好自己？

生活是一件長久的事，妳是否能長久愉悅自己表現了妳的智慧。我們不是常說「女人，要對自己好一些」嗎？其實，會生活就是對自己好的一部分，也是活出「高級感」的一部分。

什麼叫會生活呢？在我看來舒服、妥帖是最重要的。而舒服、妥帖的生活真的不是只有昂貴這一條路可以選，有時妳只需要簡單地移動一下傢俱的位置，買個玻璃碗裡面裝滿檸檬然後把它放在餐桌上都可以即刻改變妳對生活的看法和感覺。

我曾經做過下面這些小事，讓自己對生活迅速充滿了幸福感。

為自己建一面「維生素C牆」

我第一次獨居是在廈門。被公司外派，從深圳到上海，後來又輾轉到廈門。來廈門之前，在公司指定的旅館裡住了將近一年，因為再也受不了總是帶著拒人於千里之外味道的旅館，所以，來廈門後的第一件事就是提出申請找房子住。

我找到一幢新建不久的公寓，整個房間約二十平方公尺，牆壁雪白，地磚鋥亮。一張床、一個簡易的布衣櫃和一張小電腦桌。因為是新房，所以我打掃得也比較勤，即便廈門是一座很乾淨的城市，基本隔一天我就會抹抹桌子、跪著擦擦地。剛好我去的時節正逢初夏，回到家光著腳走在淺粉色的地磚上，腳底的涼爽能流進心裡。

就在這樣一間樸實無華的屋子裡，我給自己找了一個角落——床對面那堵雪白的牆。

那時候我正在迷《六人行》（Friends）這部美劇，看得沉迷其中，無法自拔。裡面有一些傳神的單字或者搞笑的句子我會順手寫在本子上。其實這算不上做筆記，只是習慣了手中有筆、旁邊有紙。有一天，我扭頭盯著旁邊赤裸裸的牆壁，覺得它空洞得與這個房間格格不入。床上鋪著我喜愛的床單，衣櫃裡有我喜歡的衣服，書桌上躺著我愛看的書，但這堵牆有什麼呢？

我到文具店買了一堆便利貼和窄邊的透明膠帶，把之前記錄的單字和句子都謄寫在便利貼上，然後一張張貼在牆上，在不損壞牆壁的前提下「妝點」了它，而且還能順便記兩個單字。

廈門是一座讓人回憶起來就能感受到陽光和清風的城市。我在鼓浪嶼上看過雀躍的海浪，在廈大聽過南普陀寺的鐘聲，在環島路上仰望過藍天白雲間的海鷗。但至今我想起廈門，腦海中最明亮的地方是我在那間房裡貼的二百張便利貼。上面的單字或句子能讓我幻想距離千萬裡之外的一個國家，那裡有三對男女，他們同我一樣，在日復一日地安排著自己的生活，他們被生活惹惱、逗樂、感動，經歷相聚和團圓。

因為平凡，因為溫暖，每張便利貼就像一顆維生素C，會讓妳為生活拚命時不小心留下的傷口癒合得更快。

妳的「維生素C牆」可以不必是單字，而是讓妳滿意的、有意義的照片牆，或者把妳喜歡收集的物品展示在牆上（我有個朋友喜歡收集各種瓶蓋）。總之，那堵牆能讓妳一眼看上去就溫暖到內心深處。

百種芳香不及一本書香

在一套房子裡擁有一間書房，不一定很大，但有自己割捨不了的藏書；有一張善待自己身體的座椅；有一盞能長久閱讀也不覺疲倦的燈，這是很多人的願望，當然也包括我。

在上海有了自己的家之後，我很喜歡家裡的一個地方就是那間十四平方公尺的書房。

不大，擺得下我和管管的兩張書桌。兩張桌子背對著背，他的書桌旁是一個一公尺高的三層小書架，裡面擺滿了他的各類工具書；我的書桌靠著一個四層二公尺高的黑色書架，第一層古典讀物，第二層現當代讀物，第三層外國名著，第四層各類雜誌和筆記，書不算多，但都是自己喜歡的。伸手就能夠著閱讀品味一番。每晚，我們在自己的書桌前各自閱讀，同一個空間下的兩個世界，有交集又不打擾。

但我更愛客廳裡那個不到一平方公尺的小角落。對於愛書的人來說，書固然是最重要的，但找到一個自己喜歡的讀書的姿勢和地方，也是一項隆重的儀式。一盞落地燈，一張單人沙發，一個舒服的靠墊，它可以是愛書人的天堂。

卡爾維諾[1]（Italo Calvino）說，看書時，「妳先要找個舒適的姿勢：坐著、仰著、

---

1 伊塔洛．卡爾維諾（Italo Calvino），義大利著名作家，代表作《樹上的男爵》《看不見的城市》等。

蜷著或者躺著；仰臥、側臥或者俯臥；坐在小沙發上或是躺在長沙發上，坐在搖椅上，或者仰在躺椅上、睡椅上；躺在吊床上，如果妳有張吊床的話；或者躺在床上，當然也可躺在被窩裡；妳還可以頭朝下拿大頂，像練瑜伽，當然，書也得倒過來拿著。」不過，我想他最常用的姿勢一定是把腳抬起來，否則也不會說，「要從閱讀中得到歡樂，首要的條件就是把兩隻腳抬起來。」

雖然與卡爾維諾不太一樣的是我更喜歡把雙腿蜷在或盤在沙發上，但從閱讀中得到的樂趣我想是一樣的。多少個睡不著的深夜，多少次週末的早醒，身上一張薄毯，手邊一杯毛峰，薩特、毛姆、吳爾芙、村上龍、林語堂、章詒和……他們從橘色的燈光中向我走來，然後又逐一離去。

短暫陪伴，不會停留，卻念念不忘。這就是書在這個角落帶給我的享受。我想，這世上沒有一種比讀書時偷來的寧靜更讓人心安，沒有一種味道比俯首輕嗅時搶奪到的書香更沁人心脾。

其實只要妳有想改變居住環境的意願，不花錢、不費力的方式有很多種。

例如，給自己換一盞暖色的檯燈，辛苦一天，孤身一人到家，至少在開燈的一瞬間讓自己體驗幾秒溫暖；例如，在自己的電腦桌上放一個筆筒，裡面盡可能擺滿自己喜歡的筆或顏色不同的筆，就算不常用，看起來也賞心悅目；再例如，為妳的窗台添點顏色，不要總是生銹的鐵色，或掉了皮的石灰水泥，幾盆綠植就可以讓窗台活過來，讓房間充滿活力。

還有一個小竅門，既方便也很實用，那就是為自己挑選一個舒服又養眼的靠墊，哪怕妳沒有沙發，只是坐在凳子上抱著它，也會有一種把心愛之物擁入懷中的踏實感。

如何做到對自己的生活抱有好感，且不需要過多的金錢打底？

經常用的小物品要買好一些的，例如杯子、筆、便當盒、護手霜、床單、被褥、落地燈。因為經常使用，妳放在眼前、拿在手裡、用在身上時好質感會讓妳的心情也更好。

偶爾買一些會讓自己耳目一新的東西。例如，買幾束鮮花放在桌子上，給洗手間掛一幅裝飾畫，買一瓶自己喜歡味道的香水。

上面這些事情不用花太多錢卻能收穫很多很多的滿足感和幸福感，何樂而不為呢？

♀ 妳要會存錢，也要會享受

取悅自己、過好生活、享受滿足感是女人的使命之一，但存錢也是我們的使命之一。畢竟買房子、孩子的學費、醫療費哪樣能離開鈔票呢？我們不能繞開這個話題。

現在有很多書和文章教大家如何存錢。我見過「三三制」存錢法則的。大意是：把全部的資金分成三份，三分之一用於活期備用款，三分之一用於定期存款，另外三分之一用來理財投資。一般來說，個人儲備流動資金保持在十五萬元即可，當第一筆存的流動儲備金不到十五萬時，就可以將投資所得的總額再分出三分之一存入流動儲備金，存到十五萬為止。如此下來，既能確保應對不時之需，又能保證自己的財富在增加中（雖然進度可能比較緩慢）。

除了「三三制」存錢法則，還有專業人士建議我們把每個月的工資一定要分成五份：生活費、人際打理費、學習充電費、獎勵費（例如：孝敬老人的費用、給自己時不時來一次鼓勵）、投資。

無論是「三三制」還是「五分法」，我覺得可以因人而異。把錢分成幾類、怎麼用、占比多少很多時候需要因時、因地、因事、因人而異。如果妳怕麻煩，當然不用分類去計算開銷，但不妨試著做兩件事：

第一，給自己劃定一個存錢的區間。例如，每個月存二千五十元至五千元。這個區間遵守的原則是不要輕易降低金額，也不要為了存錢而委屈了自己。儘量記錄自己的每一筆開銷，實驗兩三個月後再看看區間是否需要調整。

第二，開一個新的帳戶，把每個月存下來的錢放進新帳戶裡。看著自己「私藏」的小金庫日積月累豐碩起來絕對是一件挺有成就感的事。

在我看來，存錢這個行為有著超乎「存錢」本身的意義。這個舉動可以培養我們堅持的習慣。試想一下如果連存錢如此艱難的事都辦到了還有什麼是自己堅持不下來的（這個舉動很有可能催生出來的副產品，是讓妳長久以來的減肥願望也實現了）？此外，存錢也是一種收斂欲望的方式。欲望收斂成功的標誌之一就是當我們面對金錢、情感等時，能夠保有一顆熱情又克制的心。

但會存錢絕不代表女人們要委屈自己，我們要做的是如何在存錢和偶爾的奢侈之間找到一個絕佳的平衡點。

我們的大腦有兩種很神奇的物質：多巴胺和腦內啡。多巴胺是一種神經傳導物質，這種分泌物主要負責大腦的情欲和感覺，傳遞興奮和開心的資訊。腦內啡是從腦下垂體中分泌出的一種特殊的物質，它能夠產生興奮和欣喜感，人的一切生理活動產生的欣喜感都是由它的釋放而獲取。

在腦內啡的激發下，人的身心處於輕鬆愉悅的狀態，免疫系統實力得以強化，並且有助於順利入夢，消除失眠症。所以腦內啡也被稱之為「快感激素」或者「年輕激素」，這意味著這種激素可以幫助人保持年輕快樂的狀態。而多巴胺是大腦的「獎賞中心」。適量的多巴胺會讓人產生旺盛的精力、興奮感、專注力和贏取獎賞的動力。

對女性來說，「偶爾的奢侈」就是適時啟動大腦中的多巴胺和腦內啡，讓人生更加舒適、愉悅。

「偶爾的奢侈」可以是用金錢來丈量的那種奢侈，例如，吃一頓昂貴大餐，買一款自己垂涎已久的包包；也可以是非物質的。

伊蓮是我在美國認識的唯一一位法國朋友，十五年前，她因為愛情來到波士頓嫁給了美國人傑克。傑克是波士頓一家大公司的工程師，伊蓮婚後做了全職主婦。他們生了三個男孩，伊蓮在家的日子並不好過，經常要制止老大和老二打架，剛結束又忙著收拾老三撒了一地的麵粉。

相較於週末把安迪從托兒所接回來在家兩天都會崩潰一下的我，伊蓮十幾年來幾乎沒有失控或崩潰過。她身上永遠有法國女人那種得體、優雅和從容。我問伊蓮：「照顧三個小男孩，妳怎麼可能不崩潰？怎麼可能還維持優雅和得體？」

伊蓮說：「全職主婦對我來說是一份工作，是工作就有上班和下班。週一到週五我照顧孩子們，打理家務，是上班。到了週末，我就下班了，傑克要接手三個孩子，而我有一整天屬於自己的時間。我可以去找朋友，去喝咖啡，去購物，甚至和朋友們去酒吧喝兩杯，這一天就是我一週裡『偶爾的奢侈』，誰都不能動搖。」

如果說，活得好是我們每個人一生的大目標，那我們得學會把這些大目標拆分成非常細小的目標，每實現一個就要適時獎勵一下自己，讓自己緩一緩，好有更多的力量和勇氣闖完接下來的難關。

偶爾享受奢侈的要點在於：一定去做妳想做的事情，而且心無旁騖。

Part 6
關於令人感佩的女人

這些女人，讓世界為之一顫

♀ 佛羅倫斯・南丁格爾：敢和死神比賽的女人

寫這本書時，我腦海中一直在想的一個問題是：有高級感的女性究竟什麼樣？高冷？走路帶風？說話語速極快？做事果敢、拚命……我當然知道她們外表各異，但總有一些共同之處可供我們學習、效仿吧。也就是說，我想將「高級感」中那些重要的成分萃取出來。所以，我開始往回看，從自己偶像的身上尋找答案。

這一章我寫了四位自己喜歡的女性，確切地說應該是敬佩的女性。說實話，如果和這樣的女性在現實生活中共事、共處，妳未必會覺得百分之百的舒服，但正是她們的「不舒服」才改變了世界。她們或是自己領域裡令人敬仰和學習的對象，又或者用自己的智慧和情感成就了一個偉大的丈夫和一個和睦的家庭。

我的這四位偶像在自己的領域中都做出了傑出的貢獻，並且獲得了普羅大眾的敬仰或賞識。她們無疑是有「高級感」的女性，但她們的「高級感」中所含有的「成分」又各有千秋。

我的美國朋友凱西是一名註冊護理師，我參加過兩次她的生日聚會，每次在許願後她都會說一段獨白：

余謹以至誠，於上帝及會眾面前宣誓：
終身純潔，忠貞職守。
勿為有損之事，
勿取服或故用有害之藥。
盡力提高護理之標準，

慎守病人家務及祕密。
竭誠協助醫生之診治，
務謀病者之福利。
謹慎！

一開始我還以為這是她的禱告詞，後來才知道這是南丁格爾誓詞。南丁格爾是凱西最崇拜的女性，她很榮幸自己生於五月十二日，與南丁格爾同月同日生。而這一天也是國際護師節，凱西在自己的生日上用誦南丁格爾誓詞的方式來紀念她的偶像，當初她選擇成為一名護理師也是因為受到南丁格爾的影響。

南丁格爾很拚，也確實在自己的一畝三分地有了重要貢獻，但這不是她最顯高級的地方。她的出身和周遭環境都告訴她：妳不需要走如此艱難的一條路。出生於富豪之家，以後做個有閒有錢的富太太不好嗎？何必主動在槍林彈雨中「討生活」？何必為了自己的工作終身未嫁？

可她偏偏選擇了往相反的方向走。

在醫學界、護理界，佛羅倫斯·南丁格爾應該是最受尊重的女性了。她來自英國上流社會的一個家庭，於一八二〇年五月十二日出生，當時父母正在歐洲旅行。南丁格爾的父親畢業於劍橋大學，精通英語、希臘語、法語、拉丁語和德語等多國語言；母親的家族也不簡單，南丁格爾的外祖父是廢奴主義者威爾·史密斯。南丁格爾的父親不放心學校的教學品質，所以讓自己的孩子在家接受語言、藝術、數學等通識教育，南丁格爾勤奮好學，在數學方面很有才華。

像南丁格爾這樣過著十分優渥的上流社會生活的富家女，隨時都有人服侍，活在舞會、沙龍，以及與貴族追求者們周旋之中。像她這樣的出身，多數人會找個門當戶對的丈夫嫁人、生兒育女，繼續貴族們之間的社交，然後終此一生。多少人羨慕這種衣食無憂、安逸平靜的生活，但南丁格爾的內心卻一直感到十分空虛，覺得自己的生命毫無意義。

她在童年時就喜歡和身邊的小貓、小狗、小鳥們玩耍，並樂於照顧牠們。她常對莊園裡發現的受傷的小動物伸出援手，還在廢棄的花房裡建了一個小醫院用來治療牠們。十幾歲時，她開始關注公共衛生，參觀當地醫院，並閱讀了很多相關書籍和政府檔，這些經歷為她以後走上護理這條路埋下了種子。

一八四四年，南丁格爾宣布她將入行護理師一職，此舉令她的家人，尤其是她的母親極為震驚、憤怒和悲痛。她的父母一直希望她能成為一位顯赫的貴婦人，但偏偏事與願違。在那個時代，護理師是很沒有地位的工作，大概與僕人、廚師之流差不多，是只有貧苦低下階層的女人為了謀生才肯做的汙穢工作；而且當時戰爭頻發，護理師更需要隨軍奔赴戰場，不但辛苦而且十分危險。

一八五一年南丁格爾不顧全家反對，到德國凱撒斯韋特（Kaiserswerth）以女執事的身分首次接受護理培訓，為期四個月。在德國學習護理後，她曾在倫敦的醫院工作，於一八五三年成為倫敦慈善醫院的護理長。這一年克里米亞戰爭爆發，英國、法國、奧斯曼帝國與沙皇俄國在克里米亞交戰，戰爭中英軍救護條件很差，傷患死亡率極高。一八五四年，南丁格爾不顧安危率領三十八名護理師親赴前線進行救護。

在克里米亞戰地醫院裡，南丁格爾做出了巨大的貢獻，使英軍士兵的死亡率從四二％迅速下降至二％，震撼全國。

當時用品缺乏，水源不足，衛生條件極差。她分析過堆積如山的軍事檔案，指出在克里米亞戰役中，英軍死亡的原因是在戰場外感染疾病，及在戰場上受傷後缺乏恰當護理而傷重致死，真正死在戰場上的人反而不多。在得知這一事實後，她夜以繼日地工作，改革不合理制度，改建醫院設施，使士兵們得到溫暖、舒適、清潔、衛生的休養環境和營養充足的飲食。

南丁格爾有一個很有名的稱呼：提燈女神。夜幕降臨時，她提著一盞小小的燈，沿著崎嶇的小路，到七英里之遙的營區裡，逐床查看傷病員。士兵們親切地稱她為「提燈女士」、「克里米亞的天使」。傷兵寫道：「燈光搖曳著飄過來了，寒夜似乎也充滿了溫暖……我們幾百個傷患躺在那裡，當她來臨時，我們掙扎著親吻她那浮動在牆壁上的修長身影，然後再滿足地躺回枕頭上。」這就是所謂的「壁影之吻」。因此，「提燈護師」和「護理師大學生燃燭戴帽儀式」，也成為南丁格爾紀念郵票和護理師專題郵票的常用題材。

戰爭結束，南丁格爾避開政府隆重的迎接儀式，化名後悄悄返回英國的家裡。她說：

「我不要奉承，只要人民理解我。」

救助病患、降低死亡率是南丁格爾事業上的一大成就，她的另一巨大成就是將護理變成一門規範的學科。

一八六〇年，南丁格爾用公眾捐助給她的四千多英鎊，在倫敦的聖．湯瑪斯醫院創建了世界上第一個正規的護理師學校（世界上第一個非修道院形式的護理師學校），現在是倫敦國王學院的一部分。此後南丁格爾又創辦了許多護理師培訓班，她也因此被人們稱為現代護理教育的奠基人。她在工作過程中寫下的《護理師札記》和《醫院札記》等著作，提供了後來的醫護人員寶貴的經驗。

南丁格爾在小時候的學習中就顯現出了高超的數學天分，這使她成為視覺表現和統計圖形的先驅。她發展出「極座標圖圓餅圖」的形式，或稱為「南丁格爾玫瑰圖」，相當於現代圓形長條圖，當時在戰地醫院她就是使用這樣的統計圖，報告病人的死亡率在不同季節的變化。她使用極座標圖圓餅圖，向不會閱讀統計報告的國會議員報告克里米亞戰爭的醫療條件，從而為戰地醫院爭取到了諸多改善條件的機會。

一八五九年，南丁格爾被選為英國皇家統計學會的第一位女性成員，後來成為美國統計協會的名譽會員。

上流社會的女人選擇成為在當時看來是「低賤」職業的護理師已經夠叛逆了，南丁格爾還做出了一件更離經叛道的事——即便在今天看來也是——終生未婚。

南丁格爾不乏追求者。在一次宴會上，她結識了年輕的慈善家理查，理查對她一見鍾情，兩人一起談詩作畫，愉快地交往，她也曾把理查稱為「我所崇拜的人」。

理查對南丁格爾相當有耐心，他認識她時已經三十二歲了，在等待了漫長的七年之後，理查終於下了「最後通牒」：請她明智地選擇一下，同不同意嫁給他這個快要老了的男人？身為年輕女子，南丁格爾當然渴望有個不錯的男人心疼自己。但她還是拒絕了，儘管拒絕得相當艱難。她曾在筆記本上寫下一段心緒矛盾的記述：理查可以滿足自己精神與感情方面的需求，卻不會滿足她在道德與人生意義上的追求，而「我決不允許自己同他一起沉緬於社交活動，在家務瑣事中虛度我的一生」。

南丁格爾可以說把自己的一生都獻給了醫護事業，她曾在一封信中談到自己對婚姻的看法：「普遍的偏見是，歸根結底，一個人必須結婚，這是必然的歸宿。不過，我始終覺得，婚姻並不是唯一的。一個人完全可以從她的事業中獲得充實和滿足感，並找到更大的樂趣。」此後，她拒絕了所有的求婚者。

南丁格爾由於長久操勞，身體慢慢吃不消，以至於後來雙目失明，最後在睡眠中與世長辭，享年九十歲。

一九七五年英國發行的十元英鎊背面就是南丁格爾的頭像，而她的生日五月十二日也成為國際護師節，大家以此來紀念這位上天派來與死神賽跑、拯救生命的天使。南丁格爾不僅使護理學成為一個學科，降低了戰爭時期的死亡率，她還使護理師的社會地位和社會形象大大提升，給當時的女性樹立了賢妻良母這一身分之外的另一種選擇和榜樣。

敢於不走尋常路，並且還獲得成功，我想，南丁格爾就是一位當之無愧的高級女人了。「高級感」的成分很複雜，在南丁格爾的「高級感」中勇氣位列第一！

♀ 海倫・艾美莉亞・湯瑪斯：讓美國總統們聞風喪膽的女人

有這樣一個女人，甘迺迪總統曾如此評價她：「如果她能夠扔掉手中的紙和筆，會是個招人喜歡的小姐。」雷根總統說：「妳不僅是一個優秀的令人尊敬的職業記者，妳還成了美國總統體制的重要組成部分。」歐巴馬總統對她的形容是：「她總是讓總統們——包括我在內——疲於應對。」而柯林頓總統直接以她的名義在白宮設立了一項獎，並將第一屆成就獎頒給她。她就是被稱為總統「折磨者」的白宮記者、新聞界第一夫人——海倫・艾美莉亞・湯瑪斯（Helen Amelia Thomas，以下簡稱海倫）。

海倫一生歷經十位美國總統，絕對讓每一位在任的總統聞風喪膽。美國著名的《華盛頓郵報》（*The Washington Post*）曾這樣評價湯瑪斯：「四十多年來，只要這個女人走近，總統們就會發抖。她有刀子似的舌頭和利劍般的智慧。」二〇一三年，九十二歲的海倫去世，美國所有的主流媒體都紛紛報導，美聯社和福克斯新聞網推出一篇相當長的訃告，用了很多詞來形容她，例如：勇往直前，把十位總統架在火上烤、鬥牛犬、拓荒者。

海倫的「高級感」表現在她的剛強上。這世上大概沒多少女性喜歡讓自己和「剛強」這個詞沾上邊，因為這個散發著金屬味道的詞對女性來說實在不太友好了。

可是，妳能想像，如果這個世界的女性都是千篇一律的柔情似水、婀娜嫵媚會有多無趣嗎？海倫絕對不是這千人一面中的一分子，她靠自己的剛強征服了整個行業，以及這個行業裡所有的男性。

「剛強」的背後是什麼？我想是一種不屈不撓、不妥協的精神吧。正是因為有了這種精神，「高級感」才能長久地定格。而靠著這份「剛強」，海倫的一生也創造了太多至今無人能及的紀錄和榮譽：

她是美國全國新聞俱樂部首位女性官員；

她是合眾國際社白宮辦事處首位女性負責人；

她是華盛頓最具聲望的新聞群組織、一直由男記者統治的格里迪朗俱樂部首位女性成員；

她是白宮記者協會首位女成員和理事長；

她還是首位獲得高級白宮記者職位的女性；

她是尼克森歷史性訪華中唯一同行的女記者；

還有一項無人能及，她做白宮記者一做就是半個世紀，是在記者的位置特別是在同一個位置做得時間最長的記者。

海倫於一九二〇年八月四日在美國肯德基州（Commonwealth of Kentucky）出生，父母是黎巴嫩移民，家裡有兄弟姐妹九人。幾年後，他們一家舉家遷往底特律（Detroit），在那裡他們靠父親在社區經營的雜貨店過活。海倫對新聞的熱愛很早就表現了出來，高中時，海倫在校刊社工作，而後進入底特律的韋恩州立大學（Wayne State University）學習新聞專業。她的學費是靠著在大學圖書館當管理員和哥哥在加油站打工賺來的。

大學畢業後海倫搬到了華盛頓，曾在老《華盛頓每日新聞》（*The Washington Daily News*）當抄寫員兼勤雜工。一九四五年，現合眾國際社（United Press International）的前身合眾社雇她撰寫廣播稿，每天早上五點三十分開始工作，週薪二十四美元。一九四五年也是二戰結束的時候，當時為了給回國的退伍軍人騰出工作位置，許多單身女記者被單位解雇。幸運的是，海倫留了下來，並於一九五六年加入了合眾社的國家新聞報導團隊，開始正式報導國家要聞。一九六〇年甘迺迪當選總統後，時年四十歲的海倫進入合眾社的白宮記者站，開始了她長達半個世紀的事業——白宮報導。

當時，報導白宮新聞的女記者非常少，白宮女記者們通常只能寫寫「第一家庭」的花邊新聞，而且不允許參加白宮記者招待會，但海倫向甘迺迪總統抗議：「如果我們不能參加，你也不應該參加。」她強硬地闖入了男人們的陣地，並被推舉為白宮記者團的團長。

在人們以往的印象中，年過四旬的女性應該已經被歲月打磨成平和、睿智的模樣。睿智，海倫有；平和，卻從來不屬於海倫，至少不屬於工作時的她。

海倫時常讓我想起美國很有名的一支硬搖滾樂隊——「槍炮與玫瑰」。這個喜歡塗著紅色唇膏和指甲油的女人，看上去就像玫瑰花，而她的發問和報導卻像槍炮一樣，時時轟炸當局者，令白宮的總統先生們坐立不安。

即使與她關係不錯，還一同慶生的歐巴馬總統，也沒能逃脫海倫的發難：「妳打算什麼時候將軍隊撤出阿富汗？為什麼還在繼續殺戮？真正的理由究竟是什麼？請別拿布希那套來敷衍。」歐巴馬被問得無言以對。

在海倫經歷的十位總統中，被她「數落」得最厲害的要數小布希總統了。

二〇〇三年，她曾告訴另一名記者，她正在做一篇「美國史上最差總統的報導」。這番話傳到了嚴肅的小布希耳朵裡，她被小布希政府「冷凍」，三年內再未接到白宮新聞發布會的參會通知。三年後，小布希總統還是解除了「禁令」，給了她一個提問的機會，八十六歲的海倫拋出的第一個問題是：「總統先生，你做出的入侵伊拉克的決定造成了數千美國人和伊拉克人死亡，給美國人和伊拉克人帶來了一生的創傷。而你給出的每個理由，至少那些公開發表的理由，都被證實是捏造的。我想知道，為什麼你如此熱衷於戰爭？」

現場兩人你一言我一語交鋒不斷，最後，小布希總統被問得無可奈何，只能用非常官方又煽情的方式來回應：「我永遠不會忘記自己對美國人民立下的誓言，那就是我們將盡一切力量來保衛我們的人民。」才結束了這場交戰。

海倫曾在自傳中寫道：「我斷定我的血管裡流淌著的是印刷機的油墨。」記者是她終生熱愛的職業，而向統治者尋求真相則是她的天職。二〇〇六年，在接受採訪時，海倫說：「我尊敬總統這個職位，但我從不膜拜他們。他們欠我們真相，如果不是我們可以不斷地質疑他們，他們就可以，而且也會把自己當成國王或專制者。」

正是秉持著這一信念，海倫才成為她的同行們乃至「敵人」——美國總統公認的「大姐大」，歐巴馬總統就曾說：「海倫之所以能成為白宮記者團團長，並非因她任職時間之長，而是因她堅定的信念。即當我們能提出尖銳問題，並讓領導者們做出解釋時，我們的民主制度才能良好地運轉。」

海倫不僅在工作上作風犀利、勇敢，在個人情感問題上也是不走尋常路。她的另一半既是她的同行也是她的競爭對手道格拉斯·康乃爾（Douglas B Cornell）。美聯社的白宮記者道格拉斯·康乃爾年長海倫十四歲，一九七一年康乃爾退休時，尼克森為他舉行了一個歡送會。歡送會舉行到一半，當時的第一夫人派特．尼克森當眾宣布了海倫和康乃爾訂婚的消息，還調侃說：「我終於比海倫先搶了個獨家新聞。」當時，海倫五十一歲。她和康乃爾相伴了十一年後，康乃爾病逝。即便丈夫去世，當時已經年過六旬的海倫依舊奮鬥在崗位上，直至去世。

在美國新聞界有這樣一種說法：白宮有兩套不同的新聞規則，一套適用於普通記者，而另一套只適用於海倫．湯瑪斯；美國白宮新聞發布廳只有一個座位刻上了記者的名字，就是第一排中央屬於海倫的專屬座位，在這幾十年裡，每次白宮新聞發布會的第一個或第二個問題，都由她來發問。這些無疑都是同行和掌權者在對這個女人表達敬重之情。

而這一切，她值得擁有。

♀ 德拉・努伊：成為百事可樂CEO的印度女人

關於「高級感」的第三個成分，我想說的是放過自己。這是我讀德拉・努伊（Indra K. Nooyi）的故事得到的感悟。

百事可樂我們都很熟悉，現在應該沒有人不知道這款碳酸飲料。但妳知道嗎，這個在世界五百強排名七十位、年收入約四千三百八十二億元人民幣、業務覆蓋全球二百多個國家、擁有二十六萬員工的美國公司掌門人卻是一位土生土長、沒有顯赫家庭背景的印度女性。

她不僅僅是一個公司的CEO，在全球商業領域她的地位都不容小覷。

二〇〇六年，她被美國《財富》雜誌評為「美國商界女強人五十強」第一名，《華爾街日報》「全球最值得關注的五十位商界女性」第二名。

二〇〇九年九月，在《財富》雜誌網路版「全球最有影響力的商界女強人五十強」的評選中，她名列榜首。

二〇一六年，已經年過六旬的她在「全球五十大最具影響力女性」榜單上位列第二。

她也是《財富》雜誌評選的「二十五位世界最具影響力商界領袖」名單裡唯一的一位女性。

她的排名超越了以「鐵娘子」著稱的Facebook的COO雪柔．卡拉．桑德伯格、前雅虎CEO瑪麗莎．梅耶爾等人。在幾乎被黃頭髮、白皮膚「統治」的美國商界女主管中，她焦糖色的皮膚顯得格外突出。

這個人就是百事可樂首位女CEO德拉．努伊。

二十三年前，沒有人會想到一位入職百事可樂的異國女員工會成為這個商業帝國的掌舵人。從一九九四年加入百事公司到二〇〇六年升任公司董事長及CEO，努伊告訴我們，女性想做自己是一件非常難的事，但絕對值得為之奮鬥。

身為一名印度女性，這個世界沒有給她們過多選擇的機會。她們美麗、溫順，很多印度女孩終其一生的大事就是嫁人，然後好好服務於她的丈夫和孩子們。努伊的人生道路也該是如此。不過，她運氣不錯，生在了一個比較開明的知識分子家庭。

努伊的祖父是退休的法官，父親是會計師，母親是家庭主婦，整個家庭思想相對開明，但這種開明也是有限的。父母允許努伊接受高等教育，她在印度讀完大學後，父母希望她應該和其他受過高等教育的印度女性一樣，老老實實地待在印度，然後結婚生子。但工作不久的努伊卻提出要去美國深造的要求。

父母覺得她「發瘋了」，四十年前在印度很少有女性走出家庭，而在努伊的家鄉根本就沒有人像她這樣遠赴海洋彼岸求學、追求「美國夢」，這意味著她會失去結婚的機會，可能還會孤獨終老。周圍的朋友也都勸說她不要去美國，否則回來後沒人願意娶她，可努伊卻說：「那我就留在美國好了，我只要做我自己！」

於是在一九七八年，二十三歲的努伊拿著耶魯大學MBA的錄取通知書和獎學金來到美國開始了人生的探險。

四十年過去了，她不僅成為全球著名公司的CEO，還擁有了愛自己的丈夫和兩個可愛的女兒。可在成功和幸福背後，身為一名異國女性，她走得頗為艱難。

這種艱難首先來自原生家庭的影響。在印度，男主外、女主內，男尊女卑的思想很正常，她開明的母親都沒能衝破這一束縛。

努伊曾在接受採訪時講了當她被告知成為百事集團CEO當天發生的一個故事。她回到家想把這個好消息分享給母親，還沒開口，母親卻說：「去給我拿點牛奶來。」努伊說：「我現在不替妳拿牛奶，因為我要告訴妳個好消息。」她的母親說：「那也要等妳給我拿了牛奶再說。」努伊說：「妳也可以讓我丈夫幫忙拿，為什麼一定要等我？」努伊的母親回覆道：「這些天他看起來很累。」

總之，最後還是努伊拿了牛奶。然後母親才說：「我從妳的表情和舉動知道妳今天有好事情要宣布，但是我想告訴妳的是，無論妳在工作上取得多大的成就，請把自己的王冠留在車庫裡，然後以女兒、妻子和母親的身分走進這個家。」

對於一個生長在印度的女性來說，無論妳的事業多成功或高居怎樣的職位，這些都只能排在家庭和丈夫之後。任何一個想要「做自己」的女性都免不了要在這些身分中切換，盡可能地去尋找平衡。而聰明的努伊並不想把自己塑造成一個幾近完美、無往不利的女性。

她坦言：「我們看上去都是體面、合格的父母，但如果妳問我們的女兒，我卻不知道她們會不會評價我是個好媽媽。」努伊說自己曾錯過了女兒很多次的校園活動，「女性領導者無法擁有一切，所以很多事情，我們註定只能搞砸。」

除了原生家庭的影響外，作為百事集團首位印度裔女CEO，她得夠「狠」，才能贏得大家的認可和尊重。

現在大家熟悉的肯德基和必勝客原本也是百事集團的，努伊在一九九七年切割了這些餐飲業務，使得餐飲和碳酸飲料分了家。努伊仔細研究了公司的產品組合，思考公司的定位是否適合二十年後的發展。分析後，她發現餐館並不適合百事公司，小食品和飲料反而比較適合百事公司。

所以，她頂著巨大的壓力和質疑向管理層彙報了意見，大膽提出：「我們百事公司應該甩掉這種苦苦經營的連鎖餐廳業務！」管理層一片譁然，公司很多中高級管理層以及當時的CEO羅傑．恩里科（Roger Enrico）都堅決反對。換作普通員工在遭到反對後多半也會就此作罷，但努伊並沒有放棄，無論大小會議，努伊都一遍一遍不厭其煩地陳述自己的建議，說百事一定要壯士斷腕，才能有新發展。

最後，公司管理層終於被說服，保留碳酸飲料以及休閒食品，把必勝客、肯德基以及塔可鐘墨西哥餐廳這三家速食連鎖品牌從公司分離出去，成立一家獨立的上市公司，這就是今天的百勝餐飲集團。而努伊也獲得了這樣的評價「妳這個女人啊，就像一條咬著骨頭的狗一樣固執！」

努伊不僅在公司戰略層面夠狠，她對待自己也是毫不手軟。

她是有名的工作狂，連耶誕節也不放過，吃住都在公司，以便研究業務。甚至在凌晨四點員工還會收到她發的電子郵件。二〇一五年，努伊受邀至中國清華大學演講，她講述了一件往事，這件事再次證明這個女人的狠勁。

在擔任百事公司CFO期間，公司進行了一次SAP軟體系統的升級，這項工程對運營至關重要，且耗資巨大。當專案撥款方案放在她的辦公桌上時，已經有二十九位主管都審批通過、簽了字。但努伊看過後產生了幾處疑問，於是直接打電話給上一位簽字的主管，那個人答不上來她的問題。努伊便問他：「那你為什麼簽字？」這位主管坦言因為他相信在他之前簽字的那個人一定知道問題的答案。於是，努伊又打電話給這位主管的上一個主管，結果一樣，這位主管也答不上來。

最後努伊聯繫了當地的一名大學教授，請他寄來了一批關於ＩＴ系統的教材。她在辦公室裡研究了幾天幾夜，瞭解了全部的細節並確信批准這項工程是正確的，她才放心地簽下自己的名字。

英國作家山繆・約翰遜（Samuel Johnson）曾說過：「勇氣是最偉大的美德，缺少勇氣，其他品質都無從談起。」

很明顯努伊「狠勁兒」的背後是巨大的勇氣在支撐她。

對努伊來說，原生家庭和跨國主管都不是最難的，因為可以從中做出選擇或折中，最為艱難的是，「百事」這個品牌和她個人的健康觀念有著巨大的衝突。

很多人對可樂又愛又恨。愛的是因為它真的很好喝，而且喝起來很有滿足感；恨的是可樂的確對我們的健康有不良影響，肥胖、骨質疏鬆等，很多慢性病都和它有一定關係。所以，它才被冠以「垃圾食品」的稱號。就連身為掌門人的努伊在接受採訪時被問到「已經成年的女兒們可以喝可口可樂嗎？」時，她都斬釘截鐵地說：「絕對，百分之百不行。而且她們也不會買可口可樂。她們的品味好極了。」

但她卻硬是把百事品牌與健康聯繫在一起，為百事樹立了非常良好的品牌形象。

她收購了純品康納，併購了桂格麥片，這兩樣產品都以健康營養享譽美國。之後她降低了旗下樂事洋芋片的含鹽量，使一袋樂事洋芋片比一片麵包含鹽量還要低。此外，她還富有遠見地提出了「目的性績效」這個經營方針，讓百事集團廣泛參與到包括水、能源和包裝在內的環保事業中。

這些富有遠見的「大手筆」使得在努伊成為CEO後的三年裡，百事集團的銷售收入上漲了一七%，運營利潤上漲了十七億美元，股價翻倍。

當年還在印度上學的努伊曾說過：「如果沒有拿到滿分，就等於不及格。」加入百事集團後，她也看到了即便是在發達的美國，女性職位升遷的「玻璃天花板」依舊存在，於是努伊說：「我相信確實存在著一個玻璃天花板，但是它既透明又脆弱，所以我們可以打破它。」後來，成為CEO後，她被問過最多的問題之一便是「妳是如何成為百事集團CEO的？」努伊回答：「我甚至都不能想像我有哪一天夜裡能睡得很沉，因為我一直在思考。」

從二十三歲那個沒有靠山、走出印度差點嫁不出去的女生，到成為「全球最有影響力的商界女強人」，努伊經典的勵志傳奇告訴所有女性，我們可以做自己，可以成為更好的自己，這一路當然艱難萬分，但值得為之拚搏。

未經歷過的人，無法想像這個生長於印度普通家庭的女孩，要突破多少險阻才能在美國這個發達又務實的國家掌管一家全球頂級公司，這背後無疑有著勇敢、剛強、執著、智慧……所有這些優秀的品質。

但她身上最讓我動容的不是把自己武裝或偽裝成完美的樣子，而是能夠坦言自己對家庭的力不從心，然後學會坦然接受，並放過自己。

有「高級感」的女性不等於是個完美女性，能夠正視自己的「瑕疵」，才能逐漸使自己趨於完美。

♀ 羅琳・鮑威爾・賈伯斯：反轉「壞男人」的女人

過去，我對活出高級感的「狠」女人一直有一種錯誤的觀念，即她們得有自己的事業且事業相當成功。在我組了自己的家庭、踏入婚姻這個總是被妖魔化的陣地後，我才明白，能夠成全一個美好的家庭，成就自己的另一半和孩子，對於女性來說，也是一份成功的事業，而它的難度絕不亞於妳賺取了百萬年薪或成為高層管理人員。

婚姻和家庭是一面鏡子，它能照射出女人的美好，也能變成照妖鏡，讓我們看到自己或他人的可惡之處。每次當我走到婚姻這面鏡子前審視自己時，腦海中總會浮現出一個女人的身影。她成就了一個偉大的男人，更為艱難的是，這個她成就的男人一開始可不是什麼「好」男人，而最終，這個男人卻讓整個世界為之敬仰。這個偉大的男人，包括他身邊的同事、朋友，沒有不敬佩這個女人的，這個女人就是史蒂夫・保羅・賈伯斯（Steven Paul Jobs）的遺孀——羅琳・鮑威爾・賈伯斯（Laurene Powell Jobs）。

沒有賈伯斯，知道羅琳・鮑威爾的人也許不多，但也可以反過來問一句：沒有羅琳・鮑威爾，會有當今的賈伯斯嗎？

賈伯斯無疑是偉大的，但他從曾經的「渣男」到被全球人膜拜，必定經歷過無數「改造」，這其中羅琳・鮑威爾有著巨大貢獻。

年輕時的賈伯斯究竟有多壞？

他曾對自己的某一任女友一直說：「我看到有條裙子特別好看，非常適合妳，穿上它，妳會更美麗動人。」然後開車帶她去商場裡試裙子，看到穿著裙子明豔動人的女友走出試衣間後，賈伯斯說了一句：「親愛的，穿著它，妳實在是太漂亮了，妳應該買下這條裙子。」目瞪口呆的女友無奈地說：「太貴了，我買不起。」賈伯斯喔了一聲，沒說什麼，手上提著在她試裙子的途中，他給自己買的一堆襯衫，帶著女友默默離開了商場。

賈伯斯的豐功偉績無須多言，但在感情的世界裡，他簡直就是不折不扣的壞男人和控制狂。

上面的故事發生在他的前女友之一民謠歌手貝茲身上，過分的事可不止這一件。

賈伯斯拒絕承認在二十三歲時和同學克里斯．安未婚先孕生出的女兒麗薩吧。雖然最終在幾十年後父女相認，但當年即便血液測試顯示「史蒂夫．賈伯斯是父親的可能性高達九四．一%」，賈伯斯仍然聲稱全美國二八%的男性人口都有可能是孩子的父親。

更荒唐的是，賈伯斯曾向後來成為妻子的羅琳求婚兩次，卻在每一次求婚成功後再無下文，而他不提結婚是因為他以為自己還在愛著另一個前女友（不是貝茲）。他給這個前女友送玫瑰花，並試圖說服她回到自己身邊和自己結婚。搞不懂自己想要什麼也就算了，還拉著一堆交情不深的朋友反覆詢問：「誰更漂亮？妳們更喜歡誰？我應該跟誰結婚？」

賈伯斯還熱衷於控制他人。

他曾幫美國前總統歐巴馬邀約過一次飯局，座上嘉賓還有Facebook創始人馬克．祖伯克、前google CEO埃里克．施密特等業界大佬。飯局上，賈伯斯不但要求審查白宮準備的流程表，還親自刪除了其中的三道菜。並且以身體虛弱為由要飯店把空調的溫度調到最高，差點沒把祖伯克熱死。更過分的是，吃飯前，賈伯斯致辭：「無論我們的政治立場如何，今天大家聚在一起，就是為了聽聽國家需要我們幫忙做什麼。」然後飯局主題就變成了他告訴歐巴馬應該做什麼、不應該做什麼。我想，歐巴馬先生內心應該在咆哮吧。

而在自己的婚禮上，賈伯斯堅持所有參加婚禮的人必須乘坐統一的包車前來，也不管別人是否方便和願意。總之，就是想辦法控制婚禮的各個方面。

很難想像這樣一個男人（從兩性角度來看），羅琳．鮑威爾．賈伯斯經歷過多少艱難才最終「降伏」他，並給了他幸福的婚姻和家庭。

很多人說羅琳是因為繼承了賈伯斯一百六十七億美元的遺產，成為《富比世》富豪榜上矽谷最富有的女人才被大家注意到的。但如果一個女人沒有很強大的能力，她不會擁有這麼多，無論是財產還是傳奇人物賈伯斯。媒體會用「賈伯斯背後的女人」來形容羅琳，但一個男人能夠成為傳奇，他的妻子從來不會在他的背後，她只會與他並肩作戰，而羅琳只是比較低調罷了。

在羅琳身上有很多標籤，每一張都閃閃發光、耐人尋味。

標籤一：高智商、高學歷、強大背景

羅琳畢業於常春藤名校賓夕法尼亞大學，在成為蘋果「第一夫人」前，她曾經在著名的美林和高盛金融企業工作。工作三年後，她進入史丹佛大學進修，取得了ＭＢＡ學位，並被歐巴馬指派為白宮顧問。

也是在史丹佛，她遇到了真命天子——讓人一言難盡的男人。

標籤二：女強人

一九九一年嫁給賈伯斯時，那時蘋果對人們來說還只是一種水果，賈伯斯也還沒有成為「幫主」，他只是一個剛剛嶄露頭角的創業者。身為這類有天賦又野心勃勃的伴侶的妻子，很多人可能會選擇在家相夫教子讓另一半安心在外拚搏，必要時在媒體面前挽著丈夫的胳膊露露臉，展示出家庭和睦、夫妻恩愛的祥和景象便可。但羅琳不走尋常路，她是賈伯斯的妻子、三個孩子的母親，更是實實在在地關注民生問題的慈善家和投資家。

她成立了自然食品公司特拉薇拉（Terravera），為食品和飼料行業開發豆類及穀物等有機農產品。

她創立的非營利性組織 College Track 已說明二千多名孩子順利進入大學。這些孩子大部分都是家裡第一位讀大學的人，羅琳幫他們改變自己甚至整個家族的命運。

她還是投資機構 Emerson Collective 公司的創始人、董事會主席，該機構主要從事教育、移民改革和社會問題的投資。羅琳為很多優秀的非法移民的孩子提供教育和社會資源，想盡一切辦法讓他們過上平等的生活。

除此之外她還在美國教育支持委員會、關愛支持女性基金、北加州公共廣播組織、加州公立學校發展會等機構擔任職務，幫助了無數人。

賈伯斯用科技改變世界，而羅琳也在用自己的方式改變著世界和他人的命運。

羅琳曾在採訪中說過：「我母親的遭遇告訴我永遠要自立……我跟金錢的關係是，

它是實現自立的一種工具，但它不會成為我這個人的一部分。」

標籤三：「討人喜歡的母老虎」

《史蒂夫．賈伯斯傳》的作者沃爾特．以撒森（Walter Isaacson）曾這樣形容羅琳：「在性格上，她是討人喜歡的母老虎。」

我不知道「母老虎」如何能討人喜歡，但能讓那個經常把髒話掛在嘴邊，曾當著比爾．蓋茨的面把他正在開發中的Windows作業系統形容為「這就是一坨屎」的賈伯斯，說出「自己幸福得飛到了天上去」「我們之間有過開心的日子、悲傷的日子，卻從未有過壞日子」這種溫柔語句形容的女人一定強大無比。

賈伯斯人性化、生活化的那一面因羅琳誕生，也由羅琳成全。

標籤四：心機女

羅琳和賈伯斯相識於史丹佛大學的一次講座上，賈伯斯是主講人，羅琳是聽眾。賈伯斯對她一見傾心，當場約了個飯局，約會結束後兩人順理成章在一起了。這個聽起來還挺浪漫的愛情故事卻被 Mac OS 的主要軟體架構師安迪・赫茲菲爾德（Andy Hertzfeld）質疑為羅琳是有意安排了跟賈伯斯的相遇。

赫茲菲爾德說：「她（羅琳）的大學室友告訴我，羅琳收集史蒂夫的雜誌封面，發誓說她一定會遇到他。她人很好，但是可能會算計，我想她一開始就鎖定了他。」雖然這件事被羅琳否認了，並說：「我知道演講人是史蒂夫・賈伯斯，但我腦子裡想的是比爾・蓋茨，我把他們搞混了。」無論真相如何，對一個優秀、強大的女人來說，心機和手段未必是貶義詞。

標籤五：賢慧妻子＋靈魂伴侶

與很多事業有成卻沒能讓自己家庭圓滿的妻子不同，羅琳可謂事業家庭兩不誤。賈伯斯夫婦的住宅非常普通，以至於比爾．蓋茨夫婦來做客時都會困惑地問：「妳們所有人都住在這兒？」當時的賈伯斯已是世界聞名的億萬富翁，但他依然沒有保鏢，也沒有住家的傭人，甚至白天都不鎖後門。

就在這間讓蓋茨夫婦困惑的住宅裡，夫妻二人把房子進行了翻新和改造，羅琳讓後院變成了一個美麗的植物園，種滿了花卉、蔬菜和香草。

身為賢慧的妻子，除了把家布置得相當溫馨、舒適外，她也在賈伯斯身患癌症時不離不棄守在他的身邊照顧他、鼓勵他。二〇〇四年賈伯斯被確診患上胰腺癌，醫生宣布他只能活三至六個月，但半年後賈伯斯卻奇跡般地痊癒了。

賈伯斯說這次「與死神擦肩而過歸功於，信奉佛教和妻子的幫助」。

「羅琳是最適合我的靈魂夥伴。」這是賈伯斯親口所言。這個「靈魂伴侶」大概是因為比起其歷任女友來說，兩人有很多相似的地方：他們倆都是素食主義者，都是日本文化迷，最重要的是羅琳身為史丹佛的MBA，他倆對於創建公司和對企業的理解都有很多相同點。用當下流行的話來說就是：「三觀」很合。

就連賈伯斯深愛過的另一個前女友蒂娜都曾承認：「他（賈伯斯）喜歡她，愛她，尊重她，而且跟她在一起覺得很舒服……他能跟羅琳安頓下來真是太幸運了。她聰明，可以用智慧吸引他，可以包容他起伏多變的性格。」

因為懂得，所以才能長久、幸福。

羅琳雖然沒有像比爾．蓋茨的妻子梅琳達．蓋茨和祖伯克的妻子普莉希拉．陳那樣被媒體曝光、熱議和報導，但她的光環並沒有因為不在聚光燈下就變得暗淡。優秀的妻子不會藏在成功男人的背後，而是與之並肩作戰。「並肩作戰」從來不是犧牲或成為附屬，而是對等。

標籤六：我能包容妳，但並不喪失自己的理性

羅琳是賈伯斯的賢妻和靈魂伴侶，但她對賈伯斯的愛，深情卻不失客觀。在羅琳看來，「賈伯斯始終是個不懂得設身處地為他人著想的人，常常遺忘別人的生日和紀念日。」所以她會建議《史蒂夫．賈伯斯傳》的作者說：「賈伯斯確實改變了很多事情，但他仍然是個不考慮別人感受的人，要全面地展現賈伯斯，不要只寫他的某一方面。」

標籤七：我愛你，但不會讓你成為我的全部，即便你是傳奇

賈伯斯離世後羅琳一直鬱鬱寡歡，但她並沒有讓自己的事業、感情就此畫上休止符。

在賈伯斯去世二年後，羅琳與美國華盛頓市前市長艾德里安・芬迪（Adrien Brody）墜入了愛河。

無論多深愛，活著的人的生活總還要繼續下去。

賈伯斯功成名就時，羅琳低調得出奇；賈伯斯對抗絕症時，羅琳不離不棄；賈伯斯離世後，羅琳沒有「躺在」功勞簿上靠著回憶來度過此生，而是在調整好後選擇不留戀，翻開自己人生的新篇章。

成為成功男性背後的女人是不少女性所嚮往的，但如此成功的妻子不多，而在成功後，選擇不留戀的女性更是寥若晨星。

不貪功、不追憶、不留戀的女性已是自帶「高級感」了。

♀ 結束語

我很貪心，總想提煉出「高級感」中最重要的成分並習得一、二。一邊寫著這些讓我敬佩的女性一邊思考，我終於明白：有「高級感」的女性千人千面，她們的魅力正是在於突破了諸多條條框框和枷鎖，走出了一條不同尋常的道路。

畫皮畫虎難畫骨，帶有「高級感」的女性，只有輪廓可以描繪，但難用瑣碎去填充。這正是她們迷人的地方。

願我們都能找到自己的「骨」，在裡面滋養更美妙的自己！

一輩子很長，要活出自己的姿態

作　　者──吳靜思
主　　編──王俞惠
行銷企劃──謝儀芳
設計裝幀──蕭旭芳
封面書名手寫字──莊仲豪 IG @ zeno.handwriting
內頁排版──唯翔工作室

第五編輯部總監──梁芳春
董 事 長──趙政岷
出 版 者──時報文化出版企業股份有限公司
　　　　　108019台北市和平西路三段二四〇號
　　　　　發行專線──(〇二)二三〇六六八四二
　　　　　讀者服務專線──〇八〇〇二三一七〇五
　　　　　　　　　　　　(〇二)二三〇四七一〇三
　　　　　讀者服務傳真──(〇二)二三〇四六八五八
　　　　　郵撥──一九三四四七二四時報文化出版公司
　　　　　信箱──一〇八九九臺北華江橋郵局第九九信箱
時報悅讀網──http://www.readingtimes.com.tw
電子郵件信箱──yoho@readingtimes.com.tw
法律顧問──理律法律事務所　陳長文律師、李念祖律師
印　　刷──勁達印刷有限公司
初版一刷──二〇二一年三月十九日
定　　價──新台幣三六〇元

時報文化出版公司成立於一九七五年，
並於一九九九年股票上櫃公開發行，
於二〇〇八年脫離中時集團非屬旺中，
以「尊重智慧與創意的文化事業」為信念。

一輩子很長，要活出自己的姿態/吳靜思著. -- 初版. -- 臺
北市：時報文化出版企業股份有限公司, 2021.03
320面 ; 13×19公分

ISBN　978-957-13-8569-3（平裝）

1.自我肯定　2.自我實現　3.女性

177.2　　　　　　　　　　　　　　　　　110000123

ISBN 978-957-13-8569-3
Printed in Taiwan

本書臺灣繁體版由四川一覽文化傳播廣告有限公司代
理，經 北京時代華語國際傳媒股份有限公司授權出版